Liderança saudável

Alkíndar de Oliveira

Liderança saudável

A arte de desenvolver "visão de futuro" interpretando o presente

Planeta

Academia de Inteligência

Coordenação editorial: Tércio Vitor
Preparação de textos: Fabiana Medina
Revisão de textos: Roberta O. Stracieri
Diagramação: Renata Milan

Dados Internacionais de Catalogação na Publicação (CIP)
(Câmara Brasileira do Livro, SP, Brasil)

Oliveira, Alkíndar de
Liderança saudável : a arte de desenvolver "visão de futuro" interpretando o presente / Alkíndar de Oliveira. – São Paulo : Editora Academia de Inteligência, 2007.

Bibliografia.
ISBN 978-85-60096-21-3

1. Administração de empresas 2. Criatividade em negócios 3. Empreendedorismo 4. Liderança 5. Marketing 6. Pessoal - Motivação I. Título.

07-4734 CDD-658.4092

Índices para catálogo sistemático:

1. Liderança organizacional : Administração de empresas 658.4092

2007

Editora Academia de Inteligência
Avenida Francisco Matarazzo, 1500 – 3º andar – conj. 32B
Edifício New York
05001-100 – São Paulo-SP
vendas@editoraplaneta.com.br

Dedicatória

Dedico este livro à minha esposa, Regina Célia, e aos meus filhos, Regina, Renata e Rafael, que, com carinho, amor e diálogo construtivo, têm me estimulado a trabalhar com alegria para a concretização do meu ideal de vida: favorecer a educação.

Dedico-o ainda aos meus pais, João e Clarice – já em outra morada –, que, com seus exemplos de vida, deram toda a oportunidade para que seus filhos tivessem a base necessária para se estimularem a crescer espiritualmente.

E, com muita satisfação, também o dedico aos meus amigos, leitores do conteúdo deste livro, que deram valiosas sugestões. Peço compreensão a eles (amigos também são para isso!) por não relacionar seus nomes, uma vez que foram tantos os que contribuíram e, eventualmente, deixaria alguém de fora. Mas, creiam, estão todos dentro do meu coração.

"Terão verdadeiramente clareza de
pensamento aqueles que tratarem
'coisas simples' com a merecida importância,
e as 'coisas importantes' com a devida simplicidade."
Hammed

"A simplicidade é uma das qualidades
essenciais do líder do século XXI.
E é preciso coragem para ser simples."
Alkíndar de Oliveira

Sumário

Apresentação

Primeira história real

Sérgio, jovem executivo, tinha pela frente um grande desafio, cuja essência interferia e machucava profundamente sua alma. Aos 38 anos, seu currículo era o retrato de um executivo bem-sucedido. As lutas do jovem acadêmico, a fase de dúvidas de *trainee*, os MBAs de fins de semana faziam parte do passado. O seu histórico profissional, sempre atualizado com novos cursos e treinamentos, agora se mostrava com o conteúdo ideal almejado por qualquer profissional.

Sérgio era importante executivo de uma das melhores empresas do nosso país, preocupada com a ética, com a responsabilidade social e com o bem-estar do seu pessoal. Empresa que rotineiramente se colocava – e se coloca – entre as dez melhores do país em ambiente organizacional. Empresa que, inclusive, arcava com a despesa integral dos tratamentos psiquiátricos ou psicoterapêuticos de seus executivos, quando esses necessitavam desse tipo de cuidado. E era o que agora ocorria com Sérgio. Ele estava sob tratamento psicoterápico.

Qual o motivo disso?

Nessa empresa, sempre preocupada em ser também modelo em gestão de pessoas, e com o intuito de "ofertar" aos seus executivos as melhores oportunidades de crescimento profissional, foi instituído um famoso programa de diagnóstico de competências. Sérgio, a partir desse diagnóstico, passou a conhecer suas deficiências e, "democraticamente", passou a ter prazos determinados para eliminá-las.

Começaram então os conflitos intrapessoais.

Trabalhava pensando em eliminar suas deficiências. Voltava para casa pensando em como cumprir o prazo determinado.

Na realidade, "parecia" não haver cobrança ostensiva do seu chefe imediato, que, aliás, admirava a competência profissional de Sérgio. Seu chefe era amigo e conselheiro e, quando cobrava a evolução do seu crescimento profissional, fazia-o de forma educada. Mas essa cobrança era insistente. Conclusão: hoje, Sérgio é um executivo que venceu várias de suas deficiências. Na nova pesquisa de competências, ele evoluiu, está melhor do que antes, mas a alegria pelo trabalho já não é a mesma. O prazer com que fazia sua atividade diminuiu sensivelmente. E, pior, produz menos do que antes, embora tenha mais competência!!!

A *história real* de Sérgio (apenas o nome é fictício) é a história de muitos "Sérgios", monitorados pelas deduções frias e implacáveis das pesquisas de competências. Pior ainda, recebem orientações "lógicas e sensatas", as quais, geralmente, não respeitam o aspecto emocional do profissional, não obstante "parecerem" respeitar.

Caro leitor, desde já deixo claro ser favorável às pesquisas de competências pertinentes, consistentemente elaboradas, as quais compreendem o funcionário como um ser integral contemplado em variadas necessidades e valores bio-sócio-psico-espirituais. Tenho consciência de que existem várias pesquisas de competências capazes de respeitar e satisfazer estas condições. Mas minha conscientização não invalida as histórias dos muitos "Sérgios" e as histórias de muitas e muitas empresas que utilizam esses recursos de forma equivocada.

Segunda história real

Luzia, nome e história reais, jovem profissional de uma agência de publicidade, estava assistindo a um filme em um dos *shoppings* tradicionais da cidade de São Paulo. Escolhera aquela noite para poder espairecer da correria do dia-a-dia. Divertia-se na sala daquele cinema. Estava absorta nas imagens projetadas na imensa tela, quando de repente viu, em cena real, um jovem levantar-se abruptamente com uma arma na mão. Era uma metralhadora. Alterado emocionalmente, esse jovem começou, sem explicação aparente, a atirar em direção ao público, repetidas vezes. Parecia cena de filme. Mas não era. Em meio à gritaria, de repente um dos projéteis atingiu violentamente Luzia. Encerrava-se ali uma vida. Tristemente.

Luzia, por estas lições que a vida nos passa, na tarde daquele dia, quando jamais imaginava perder sua vida dali algumas horas, enviara um e-mail a vários dos seus amigos, de autoria de James Bell, com o seguinte conteúdo:

O paradoxo do nosso tempo
É que temos prédios cada vez mais altos
E a paciência cada vez mais curta.

Fazemos estradas cada vez mais largas,
Mas temos a visão cada vez mais estreita.
Analisamos muito e rimos pouco.
Compramos mais, mas temos menos.
E quando acumulamos posses,
Elas tomam o lugar dos valores.
Sabemos o que fazer para ganhar a vida
Mas não sabemos como viver.

Já tivemos coragem de ir à Lua, mas hoje
Temos medo de sair à rua com o carro.
Produzimos mais computadores,
Mais informações e nos
Comunicamos mal uns com os outros.

São tempos de *fast-food*
E *slow digestion*.
De grandes homens com caráter pequeno.
Tempo onde o conhecimento tem aumentado
E o bom senso diminuído.

Um tempo onde a tecnologia pode
Transmitir rapidamente este e-mail,
E você pode escolher entre espalhar
A mensagem ou apertar *delete*.

Não veja na história real do Sérgio, caro leitor, uma crítica implacável às pesquisas e aos programas de desenvolvimento de competências. Reforçando o que já comentei, essas pesquisas e esses programas, quando consistentes, são necessários. Mas veja, sim, na história real de Luzia, e principalmente na mensagem deixada por ela aos seus amigos, a importância do necessário equilíbrio, para que os colaboradores da empresa vejam nesses programas e nessas pesquisas um aliado, em vez de um inimigo.

Este é o caminho: *equilíbrio*.

Os líderes atuais, aqueles que pelo seu posicionamento influem diretamente no ambiente organizacional, *precisam ter a coragem de ser pessoas simples e equilibradas emocionalmente*. Simplicidade e equilíbrio são as duas faces de uma mesma moeda. Não há equilíbrio sem simplicidade, e vice-versa. Neste complexo mundo em que vivemos, a simplicidade é uma arte a ser desenvolvida e vivenciada. Projetos altamente burocráticos, mapas "disto", mapas "daquilo" estão perturbando, pela sua complexidade, o equilíbrio das pessoas e das empresas.

É o equilíbrio entre as necessárias cobranças profissionais e a qualidade de vida do profissional o grande mote deste início de século. A empresa que trabalha com simplicidade conseguirá esse equilíbrio e terá sempre profissionais realizados, empregando o máximo de suas competências. E, o que é ótimo, trabalhando com e por prazer.

Corrobora com esta visão do necessário equilíbrio o pensamento do consagrado consultor Stephen Covey: "Os funcionários devem ser tratados daqui para a frente como pessoas completas, feitas de corpo, mente, emoções e espírito. Negar isso é condenar-se a não obter os vitais aumentos de produtividade".

A intenção deste livro é sugerir como conseguir este *equilíbrio*. Não tenho a pretensão de ditar regras gerais de condutas e de procedimentos, mas sim de estimular pessoas e empresas a empenharem-se para encontrar – com alegria e sentido – seu caminho, de *forma única e pessoal*.

A base para alcançarmos o que se denomina uma "nova empresa" e um "novo líder" é alicerçada na visão mais atual possível da espiritualidade humana e empresarial. O "novo líder" deverá, de forma implícita, tornar-se um "novo homem".

É importante ficar claro ao leitor meu profundo respeito às suas atuais convicções, mas o livro não deixa de sugerir mudanças revolucionárias, as quais implicarão, a quem as adotar, o caminhar, com significado e realização, em direção a uma nova ordem empresarial e a uma nova postura humana, em que desafios altamente estimulantes serão *o meio*, e um mundo melhor para todos, *o fim*.

UM SIGNIFICADO

As empresas surgem em função de um significado, isto é, de uma "razão de ser", de uma "razão de existir". O significado é o estímulo gerador de ações e empreendimentos.

As duas últimas décadas do milênio passado e o alvorecer deste novo milênio têm uma característica essencial: mostram que a natureza desses significados está mudando. Uma revolução silenciosa e profunda está a caminho. Muitos ainda não estão enxergando este processo de mudança que ocorre de forma acelerada.

É fato que significados têm feito parte do mundo corporativo. No entanto, enquanto a natureza dos significados desse passado bem recente forçou os líderes empresariais a se especializarem em apagar fogo, nesta nova natureza os líderes terão de aprender a acender a fogueira.

A análise profunda dessa nova natureza será determinante para as empresas e seus profissionais encontrarem um novo rumo, no qual encontrar uma *causa* para o trabalho e um *significado* para a vida serão mais importantes do que o lucro pessoal. Aliás, o filósofo John Ruskin já dizia nos idos do século XIX que "a maior recompensa do nosso trabalho não é o que nos pagam por ele, mas aquilo em que ele nos transforma".

Uma importante observação: neste livro não desvalorizamos o lucro da empresa. Muito pelo contrário: o lucro é um dos mais importantes pilares do mundo corporativo. Mas aqui tratamos principalmente de outros fatores – igualmente importantes – que podem gerar, se bem administrados, ainda mais lucros às empresas.

A nova natureza dos significados é um dos temas deste livro. Compreendê-la significará a possibilidade de termos *uma nova empresa e um novo homem*.

Descobriremos neste livro que o mundo empresarial se desgastou para chegar a uma solução simples dos desafios relativos à vivência e à convivência. Mas não nos iludamos, não será fácil para o mundo corporativo a adaptação a essa nova natureza dos significados das empresas. Simples, sim, mas fácil, não. O publicitário Washington Olivetto disse certa vez que "difícil é fazer o simples". Aplicar o que denominamos simples será difícil, mas, felizmente, possível.

Sabemos que, assim como o diamante, a verdade é eterna. Vamos descobrir que esta verdade eterna está escancaradamente nos induzindo a enxergar a vida profissional sob uma outra ótica.

Felizmente, e até mesmo para as empresas poderem sobreviver, um mundo melhor se avizinha.

No livro *Liderando a revolução*, de Gary Hamel, o autor relata: "Determinado CEO expressou-se nos seguintes termos: 'Costumava passar boa parte de meu tempo preocupado com o **como** – como fazer as coisas, como operar, como ser eficiente. Agora, dedico quase todo o tempo a pensar no **quê** – que oportunidade, que parcerias constituir, que tecnologias pesquisar, que experiências iniciar' ".

Este livro se enquadra no "**quê**" do parágrafo acima. Aqui você verá **o que** deve vivenciar na sua empresa e na sua vida pessoal/profissional para, de forma saudável, sintonizar-se com os novos desafios e significados empresariais do terceiro milênio. Você verá em capítulos específicos **o que** deve ser feito para melhorar consideravelmente o desempenho pessoal.

De forma rápida e objetiva, é possível descobrir se sua empresa já está consciente da nova natureza dos significados empresariais.

Faça o teste.

a) Nossa linguagem de comunicação tem sido:
I - [ ] de conversão e submissão.
II - [ ] de conscientização e promoção.

b) Nossa política administrativa tem visado:
I - [ ] à estratégia de controle.
II - [ ] à estratégia de resultados.

c) Nosso gerenciamento operacional tem usado a ferramenta:
I - [ ] do autoritarismo decisório.
II - [ ] dos colegiados departamentais.

É muito grande a probabilidade de você *não ter assinalado* a segunda alternativa em todas as questões. Mas, caso tenha assinalado sempre a segunda opção, é bom poder lhe dizer que sua empresa já está trilhando o caminho para alcançar a maioridade empresarial.

Um sonho realizável

Este livro traduz um sonho possível de se tornar realidade: fazer das empresas um ambiente onde o funcionário, o cliente, o fornecedor, o acionista, a comunidade e a natureza sejam respeitados, valorizados e amados, e, com isso, a empresa encontre o seu verdadeiro caminho como instituição geradora de riquezas materiais e *humanas*, colaborando na formação da "mulher e do homem de bem".

Alguém já disse que assim como o avião tem asas para voar, ele também tem o trem de pouso para chegar à terra firme. Da mesma forma, neste livro, não deixaremos nunca de utilizar a razão, isto é, estaremos com os pés no chão. Mas com os olhos nas estrelas!

Introdução

Para que o caro leitor entre no *espírito* deste livro, escrevo a seguir dois tópicos cujo objetivo é introduzir aos temas básicos que serão desenvolvidos a partir do primeiro capítulo.

Há dez anos todos seriam demitidos!

O professor e escritor Rubem Alves disse em um dos seus livros que "as coisas são os nomes que damos a elas". Essa forte mensagem é simplesmente espetacular, pelo seu poder de síntese e esclarecimento. Seguindo a máxima de Rubem Alves, para quem diz "viver é sofrer", a vida vai provar exatamente esse significado. Para quem diz "viver é aprender", portanto, a vida vai provar que realmente viver é aprender, pois, quando o sofrimento surgir, essa pessoa não vai dizer "nasci para sofrer", mas "que lição preciso tirar desse meu sofrimento?". Aproveito essa analogia para reforçar que para o líder que diz "o problema está nas pessoas", a vida vai provar que o problema está nas pessoas. Mas para aquele líder que diz "a solução está nas pessoas", a vida vai provar que a solução está nas pessoas. Qual então deve ser a escolha sensata e corajosa do bom líder: dizer "o problema está nas pessoas" ou "a solução está nas pessoas"?

O líder que escolhe a segunda opção (a solução está nas pessoas), em vez de criticar o colaborador, critica o sistema adotado e procura mudá-lo. E sobre a importância do "sistema", vejamos o que nos tem a dizer um consultor empresarial, referência mundial. Para darmos o devido valor ao comentário que será feito, passo-lhe antes, caro leitor, uma curta e verdadeira história.

Todos nós sabemos que o Japão deu um salto progressista até então inimaginável pela sua pequena dimensão territorial, pelo seu, até então, atraso tecnológico, pela sua radical cultura milenar e herança destruidora herdada da fatídica Segunda Guerra Mundial. Um consultor norte-americano foi o grande responsável por essa virada histórica. Não tendo suas idéias aceitas em seu país de origem, esse consultor radicou-se no Japão, para lá implantar o seu revolucionário conceito, hoje universal: "Qualidade Total". Você já sabe, caro leitor, que falo de W. Edwards Deming. Esse brilhante e lendário consultor, que revolucionou o mundo corporativo, nos deixou um grande legado, dentro dele importantes ensinamentos oriundos de sua vivência e experiência. Uma de suas mais fundamentais conclusões nos propicia a base de nossas ações na área de gerenciamento de pessoal. Ensina-nos Deming: "A maioria dos problemas das organizações não tem a ver com o pessoal, e sim com o sistema". Essa mensagem nos ensina que o bom senso nos leva a enterrar de forma definitiva o malfadado "o problema está nas pessoas", substituindo-o por "a solução está nas pessoas".

Aliás, Peter Drucker já disse há muito tempo que o ativo mais importante da empresa é o capital humano. Pena levar tanto tempo para descobrir essa verdade cristalina, como veremos a seguir.

QUEBRA DE PARADIGMAS

O 10º Congresso Mundial de Gestão de Recursos Humanos, ocorrido em 2004 na cidade do Rio de Janeiro, onde estiveram representantes de 44 países, foi um marco, ou melhor, uma quebra de paradigmas. Todos os congressos mundiais dos anos seqüentes, certamente, terão o de 2004 como o divisor de águas. Transcrevo a conclusão básica desse Congresso Mundial, de uma matéria do jornal *O Estado de S. Paulo*, na edição de 29 de agosto de 2004: "As empresas devem se preocupar mais com o capital humano, sua grande riqueza, do que com o lucro financeiro. Essa foi a principal conclusão do 10º Congresso Mundial de Gestão de Recursos Humanos". Corroborando com essa conclusão, o mesmo jornal, no mesmo dia, relatou o resultado de outro evento ocorrido paralelamente ao Congresso Mundial, o Conarh, 30º Congresso Nacional sobre Gestão de Pessoas. Diz a reportagem do citado jornal: "Dar prioridade ao capital humano foi um consenso entre os especialistas do setor".

Se há dez anos um Congresso de Gestão de Pessoas chegasse a essas semelhantes conclusões, certamente todos os executivos de RH ali presentes seriam demitidos de suas empresas. Obviamente, exagero; talvez fossem apenas alertados sobre a necessidade de *mudança de postura*. Mas está claro: a filosofia e a política de Recursos Humanos das empresas sofrem profunda e produtiva mudança. Entre outros temas, esta mudança de foco é um dos assuntos básicos deste livro.

Para evitar má interpretação, desde já esclareço que minha visão é a de que, não obstante a prioridade deva ser o capital humano, *a empresa nunca deve abandonar, como um dos seus fundamentais pilares, a geração de lucros.* E isso é muito bom, desde que haja em paralelo uma política de recursos "humanos" justa e realmente "humana".

HUMANOGRAMA

O brasileiro Alain Belda, presidente mundial da Alcoa – uma das líderes mundiais na produção de alumínio –, relata que, objetivando conseguir melhores resultados em sua empresa, encaminhou executivos ao Japão para trazerem todos os sinais colocados nas empresas daquele país nas paredes das fábricas. Esses sinais melhoravam o ambiente empresarial e, por conseqüência, a produtividade. Trouxeram os famosos sinais e... nada aconteceu. O que funcionou no Japão não funcionou na Alcoa. Mas, insistindo em acertar, importou um sistema de avaliação de lideranças da G.E., que listava as 150 características de um líder, o que também não funcionou.

Enfim, Alain Belda descobriu, segundo suas próprias palavras, que "todo mundo quer um manual do Jack Welch, mas as pessoas esquecem que não houve uma só reunião em que ele não tratasse as pessoas". "Tratar as pessoas", eis a única solução. Foi o que a Alcoa, então, passou a fazer muito bem. Um termômetro dessa nova visão é o fato de Alain Belda afirmar que na Alcoa não existe *organograma*; lá se adota o *humanograma*. O ser humano é o centro.

Referindo-se ao pensamento de Alain Belda, comenta Jack Welch que:

> "A chave da vantagem competitiva para o futuro será a capacidade de liderança para criar o modelo organizacional e a arquitetura social que permitam gerar capital intelectual. Em outras palavras, a liderança deixou de concentrar-se na produção eficiente de bens e serviços. A tarefa mais importante para o líder daqui por diante será, em minha opinião, motivar pessoas e desenvolver os relacionamentos para criar uma comunidade que produza riqueza."

Insistindo nesse tema, vejamos a opinião de Warren Bennis, um dos mais consagrados especialistas em liderança de todo o mundo:

> "Um perfil que não inspira confiança é o do tecnocrata, uma espécie de vulcão que só expele números. É o caso de um ex-presidente da ITT que levou sua empresa à falência porque as únicas variáveis que levava em conta eram os números. Sem a idéia da organização, os números não fazem sentido porque a liderança está intimamente ligada aos relacionamentos. Isso fez com que a ITT precisasse ser recuperada da obsessão numérica do tecnocrata."

Esclarecimento necessário

Entre alguns capítulos, inseri textos avulsos sob o título **Pausa para Reflexão**. São textos de outros autores. Selecionei aqueles que, em conjunto com os demais capítulos, seguem uma das máximas do guru indiano Deepak Chopra. Em um dos seus textos, esse admirável guru orienta-nos no sentido de que, para alcançarmos o bem viver, é preciso, além de enxergarmos as questões humanas com os *olhos da carne* – principalmente –, visualizar e analisar tudo também com os *olhos da alma*. Eis uma das razões desses textos avulsos e dos demais capítulos deste livro: aprendermos a enxergar nossa vida pessoal e profissional com os *olhos da alma*...

Os textos avulsos são de autoria de Augusto Cury, Ermance Dufaux, Hélio Fraga, Joanna de Ângelis e Tagore. Vejo-os como enriquecedoras pausas à leitura deste livro. Esses textos ajudam no aflorar da sensibilidade do leitor. A psicologia explica a sensibilidade como um dos pilares da compreensão. Não se alcança a compreensão sem os braços da sensibilidade. Como desejo que o leitor compreenda a mensagem transmitida neste livro, creio ter esclarecido o porquê desses textos avulsos.

Às vezes, caro leitor, você vai perceber que os textos avulsos quebram a continuidade de sua leitura. Isso também é proposital.

Minha intenção é que você não simplesmente leia este livro, mas leia com a emoção e a sensibilidade afloradas. De Bono, o internacionalmente conhecido publicitário, reforça que, para utilizarmos melhor nosso potencial criativo, é importante entender o pensamento não-linear. O publicitário denomina a não-linearidade de *pensamento lateral*. Utilizo a técnica proposta por De Bono para que, na leitura deste livro, seu pensamento saia do lugar comum. Essas quebras de continuidade proporcionadas pelos textos **Pausa para Reflexão**, repito, são propositais e, como conseqüência delas, creio firmemente que, por várias vezes, ao longo da leitura, deixará o texto de lado para refletir sobre o que leu. É o *pensamento lateral* atuando...

Robert Medearis, presidente da Silicon Valley Bank, disse certa vez: "Perguntei a um amigo muito bem-sucedido, em nossa vigésima quinta reunião de alunos da Harvard Business School, por sua medida do sucesso. Ele disse: 'Eu aprendi a cheirar as rosas' ".

Esses textos avulsos, caro leitor, são as "rosas" que lhe oferto para cheirar. Minha intenção é que, na leitura desses textos, você desenvolva ainda mais sua sensibilidade, e assim suas bússolas serão principalmente a alma e o coração.

A NOVA EMPRESA

"De que vale fazer arranha-céus se não há mais almas humanas para morar neles."

Érico Veríssimo

Capítulo 1

Um vasto *playground*

William Greider, em seu livro *O mundo na corda bamba*, publicado pela Geração Editorial, vislumbra um mundo de esperança para todos. Um mundo onde os problemas serão tamanhos que todos darão as mãos para sobreviver. Visionário, Greider foi citado pelo *The New York Times* como o único articulista norte-americano a prever a derrocada da Ásia. Hoje, qualquer historiador ou economista sabe de cor os motivos que geraram a crise asiática, mas, anos antes dessa ocorrência, ninguém foi visionário como William Greider. Pelo que observaremos a seguir, mais uma vez o seu espírito visionário se manifesta. Diz Greider:

> "A história do desenvolvimento industrial ensinou às sociedades de todo o mundo a pensar na ordem econômica como uma escada. Algumas pessoas estão lá no topo, outras estão lutando para subir. A nova dinâmica da globalização faz surgir uma metáfora diferente na cabeça das pessoas – uma gangorra da qual algumas pessoas têm que cair para que outras possam subir.
> Mas nem a escada nem a gangorra são uma metáfora satisfatória, pois ambas criam ressentimentos explosivos e rivalidades. Nenhuma das duas promete levar a um sistema global ao mesmo

tempo próspero e estável, justo e tolerante, pois ambas baseiam-se na idéia de que a desigualdade entre as pessoas e as sociedades tem de ser explorada (...)

Pela primeira vez na história da humanidade, embora muita gente ainda não o perceba, está surgindo uma ligação entre o topo e a base. Uma ponta de escada (ou da gangorra) não pode defender sua própria prosperidade sem atender às condições humanas da outra extremidade. Para a massa de pessoas que trafega no mercado global, **interesse econômico próprio e altruísmo estão finalmente convergindo.**

Entender esta nova realidade deve ser muito difícil para a maioria das pessoas, especialmente nos países ricos e entre políticos e empresários, já que ela sugere uma concepção muito diferente do interesse nacional. Para escapar do dilema, as pessoas têm de reimaginar uma ordem econômica baseada em metáforas diferentes. Têm de renunciar às ideologias herdadas e dar-se ao trabalho de descobrir uma moldura mais ampla para pensar sobre as possibilidades humanas. Nem escada nem gangorra. Talvez um vasto playground onde há várias crianças brincando, juntas ou separadas, mas todas com o mesmo brinquedo."

AINDA É ENORME A DISTÂNCIA ENTRE O SONHO E A REALIDADE

Confesso que, quando há alguns anos li esse comentário de William Greider, fiquei esperançoso de ele estar certo. Ansiei para que o destino inexorável do mundo fosse ser um ambiente melhor para os homens e para as empresas. Mas só fiquei esperançoso. Não enxergava perspectivas que levassem as empresas à maioridade. Via-as como crianças ou adolescentes que não queriam crescer, ou melhor, até queriam, mas não sabiam como. Aliás, a grande maioria das empresas ainda não sabe como atingir a maioridade.

Na época em que li o livro de William Greider, senti-me inspirado a escrever *Espiritualidade na empresa*, o qual teve e ainda tem grande repercussão nas empresas, enfocando, principalmente, caminhos e procedimentos para que uma empresa possa cumprir bem com sua responsabilidade social. Cito *Espiritualidade na empresa*, porque ele foi o primeiro passo para chegar ao presente livro, o qual confirma, com base em pesquisas e fatos, que William Greider estava certo. Mas não nos iludamos, há muito ainda por fazer nos campos do ambiente interno, da responsabilidade social e da ética empresarial. Um exemplo da demanda está na pesquisa efetuada em 2004 pelo Instituto Brasileiro de Análises Sociais e Econômicas, o Ibase. Vejamos a realidade do mundo corporativo no Brasil:

a) Um dos campeões em acidentes de trabalho: 10 mortes por dia e 15 mil acidentes por ano.
b) Ainda não há respeito à diversidade: nas 238 empresas que publicaram balanço social sob os critérios do Ibase, somente 18% das mulheres e apenas 2% dos negros ocupam cargos de chefia.
c) Há grande disparidade salarial: a diferença entre o salário mais alto e o mais baixo chega a 200 vezes.
d) As empresas têm uma visão muito compartimentalizada da responsabilidade social. Por exemplo:

d-1) As condições do ambiente de trabalho em geral não são consideradas como meio ambiente.

d-2) Em 76% das empresas analisadas pelo Ibase, os projetos sociais são definidos pela direção da empresa, sem que haja participação e sugestões dos funcionários.

A RESPONSABILIDADE SOCIAL "RESPONSÁVEL" ESTÁ DANDO APENAS OS PRIMEIROS PASSOS

Os resultados da mencionada pesquisa cobrem de razão o Sr. João Sucupira, coordenador do Ibase, quando disse: "A badalação [sobre responsabilidade social] é grande, mas a realidade é outra". Corrobora com esse pensamento uma pesquisa de 2004 veiculada na revista *Meio & Mensagem*, realizada pela professora Ana Cláudia Govatto. De 131 anúncios de 59 empresas filiadas ao Instituto Ethos, veiculados nas principais mídias do país, essa pesquisa informa que:

36% eram propaganda enganosa ou abusiva;
9% não apresentavam informações corretas sobre produtos ou serviços;
10% ofereciam riscos à saúde e à segurança do consumidor.

Vale repetir e ressaltar que o resultado dessa pesquisa faz menção a empresas filiadas ao Instituto Ethos, um dos mais conhecidos e respeitados institutos de promoção da responsabilidade social em nosso país. Imaginemos o que ocorre com as empresas não associadas ao Instituto Ethos! É bom reforçar que a "culpa" não é do Ethos, que é dirigido por pessoas altamente idôneas e idealistas.

Um caminho sem volta

Mas, apesar desses naturais percalços neste mundo de mudança acelerada, a tendência das empresas terem responsabilidade ética e social efetivamente é um caminho sem volta. Para sustentar essa tese, pesquisas comprovam cada vez mais que o maior mercado se abrirá para as empresas capazes de cumprir com suas responsabilidades nesse campo. Por exemplo, uma pesquisa realizada nos Estados Unidos pela Watson Wyatt Worldwide, presente na revista *HSM Management*, número 26, traz as seguintes informações:

Nível de comprometimento dos funcionários de:
Empresas éticas, 68%
Empresas não-éticas, 12%

Retorno médio aos acionistas de empresas dos EUA ao longo de 3 anos:
Empresas éticas, 101%
Empresas não-éticas, 69%

Outra pesquisa, publicada no jornal *O Estado de S. Paulo*, de 31 de outubro de 2004, feita mundialmente pela Great Place to Work Institute, concluiu:

> "Melhor ambiente interno influi positivamente na rentabilidade das empresas."

Para que possamos dar o devido crédito – e a máxima atenção – à pesquisa publicada no jornal *O Estado de S. Paulo*, ressalto que esse instituto é responsável, em 25 países, pela publicação das listas das melhores empresas para se trabalhar.

Portanto, face aos resultados das pesquisas apresentadas, a conclusão lógica é que ser social e eticamente responsável e melhorar o ambiente interno passa a fazer parte da gestão empresarial moderna e eficaz. Mesmo que o interesse financeiro seja o motivo principal da mudança do estilo de gestão empresarial, esse novo proceder não deixa de ter grande valor e importância.

Capítulo 2

O fator emocional e a produtividade empresarial

"Quer mudar alguma coisa? Coloque no comando uma pessoa com suas paixões, interesses familiares, pessoais, e não um currículo brilhante." Essa dica de Jack Welch, extraída das páginas amarelas da revista *Veja*, de 12 de setembro de 2001, abre com chave de ouro este capítulo.

Não é novidade esse assunto. Os profissionais atuantes em treinamentos insistem, há décadas, na grande influência do fator emocional na produtividade. Aquela famosa frase dita pelos chefes – "deixe os seus problemas pessoais em sua casa" – denota, de quem a profere, desconhecimentos elementares da constituição psicológica do ser humano.

Também não é novidade que boa parte das empresas não faz economia nos necessários cursos técnicos, mas nada, ou quase nada, investe nos fundamentais cursos e treinamentos comportamentais.

Mas a novidade deste capítulo é um artigo, extraído de *O Estado de S. Paulo*, no qual uma expressiva autoridade docente valoriza de maneira contundente a influência direta do fator emocional na produtividade. E, quando essa valorização do fator emocional é sustentada pela opinião de um respeitável acadêmico da área de treinamentos pessoais no campo técnico, então esse assunto tende a ser visto, pelo mundo corporativo, com o peso merecido. O texto que veremos a seguir foi escrito por um integrante de uma instituição que prima pela qualidade dos seus cursos, José Afonso Barbosa, Diretor Geral da Fundação Getúlio Vargas; e essa preocupação é muito satisfatória. Diz o eminente professor:

> "Os modernos instrumentos gerenciais têm trazido benefícios tangíveis para as organizações, mas as rápidas mudanças no mundo fazem com que eles se tornem obsoletos rapidamente. Novos instrumentos são então criados, e as pessoas se apressam em receber novos treinamentos, que podem se tornar estressantes e resultar em dificuldades no relacionamento social e, conseqüentemente, na produtividade.
>
> Para que isso não aconteça, **dirigentes terão de aprender que o emocional de seus empregados influi na lucratividade**. Deverá ser urgentemente adicionado ao treinamento gerencial um planejamento revolucionário: não bastará mais ter pessoas intelectualmente capazes nas empresas; será preciso haver indivíduos emocional e socialmente capazes.
>
> As empresas do futuro saberão que o desenvolvimento desses valores lhes trará uma grande sinergia entre equipes, acionistas e sociedade."

UM TIRO NO PRÓPRIO PÉ?

Talvez alguém possa pensar que, com esse texto, o Diretor Geral da Fundação Getúlio Vargas atirou no próprio pé, uma vez que a instituição a qual dirige é altamente reconhecida, não pelos cursos comportamentais, mas pelos seus excelentes cursos técnicos. Não vejo que o professor tenha atirado no próprio pé. O professor José Afonso Barbosa, no auge dos seus mais de 70 anos, foi ousado. Para quem está disposto a perceber, ele fez com que o mundo corporativo e a Fundação Getúlio Vargas enxergassem uma nova porta. Certo que ainda não explorada por essa instituição, mas o professor teve o mérito de dizer: "A porta está aberta. Usufruam".

Este texto do professor José Afonso Barbosa mereceria – pela sua origem e conteúdo – uma medalha de honra ao mérito. Diz o óbvio. Mas, nesse caso, o óbvio é dito por um personagem do campo de treinamentos técnicos. Corrobora com esse artigo a análise dos especialistas Henry Mintzberg, da Universidade McGill, de Montreal, e Joseph Lampel, da Universidade de Nova York: "Os chamados 'problemas ligados a pessoas' costumam atormentar executivos. Essas questões são raramente abordadas em programas de MBA".

É bom saber que "os problemas ligados a pessoas" passaram a ser vistos também pelo mestre José Afonso Barbosa, cujo alerta é muito bem-vindo. Vale repetir sua principal conclusão: "Dirigentes terão de aprender que o emocional de seus empregados influi na lucratividade. Deverá ser urgentemente adicionado ao treinamento gerencial um planejamento revolucionário: não bastará mais ter pessoas intelectualmente capazes nas empresas, será preciso haver indivíduos emocional e socialmente capazes". Essa informação, em sintonia com a *nova natureza dos significados empresarias*, é o tema do próximo capítulo.

A NECESSÁRIA RACIONALIDADE TEM COMO PILARES A EMOÇÃO E O SENTIMENTO

Há muito tempo, o mundo corporativo enfoca a racionalidade como a ferramenta mais importante do líder eficaz. A tese corrente é: "O bom líder precisa ser racional". Sem destruir esta correta tese, mas mostrando sua base, o cientista e psicoterapeuta Augusto Cury, em *Treinando a emoção para ser feliz*, e o neurocientista Antônio Damásio, em *O erro de Descartes*, comprovam – por meio de pesquisas – que a racionalidade tem como importantes pilares a *emoção* e o *sentimento*. Essas informações nos levam à feliz conclusão de que o indivíduo com bons sentimentos e equilíbrio emocional é quem melhor utiliza sua racionalidade. Então, de forma mais direta e científica, conclui-se que, na empresa com um ambiente organizacional saudável, isto é, aquela capaz de enxergar e valorizar seus profissionais como seres emotivos e sentimentais e, conseqüentemente, respeitar o ser humano, os líderes serão mais produtivos, e isso trará a mesma qualidade a seus funcionários.

Já há algum tempo, uma pesquisa feita pelo Laboratório Bell, dos Estados Unidos, concluiu: "Os indivíduos mais produtivos não são os mais inteligentes nem mesmo os de currículo mais brilhante, mas, sim, os que exibem maior capacidade de relacionamento e administração de conflitos e habilidades para enfrentar situações novas e de crise". Em outras palavras, as emoções do profissional têm grande peso na produtividade. A questão é: Como bem trabalhar o emocional dos líderes e liderados se a pressão do mundo corporativo já se transforma em opressão? Responder a essa pergunta é uma das finalidades deste livro.

PRECISAMOS DE ESPECIALISTAS?

A frase "Muita informação desinforma" é uma das realidades incontestáveis do mundo moderno. O volume de informações atordoa. Apenas como exercício visual, imagine a quantidade de informações que uma pessoa comum poderia receber durante toda sua vida na Inglaterra do século XVII. Imagine. Essa quantidade de informações não seria maior do que as informações de uma edição diária de um jornal como o *The New York Times* dos tempos atuais!

Estamos mergulhados num mar de informações e, por isso, trabalhando numa velocidade impressionante também. Mas vale parar um pouco e refletir sobre a "dica" da escritora Clarice Lispector, ao afirmar que mais importante do que a velocidade da mudança é estar na direção certa. De que vale toda esta correria se estivermos na direção errada?

Nossas escolas formam muitos especialistas sem a necessária visão generalista e humana, principalmente. E os especialistas, numa acepção muito conhecida, são "aqueles que sabem cada vez mais sobre cada vez menos". Os tecnicistas também se propagam de forma impressionante, vindos de MBAs mal escolhidos para "melhorar o currículo". Atenção: não sou contra o MBA. Muito pelo contrário. Vejo os denominados MBAs como uma das melhores novidades, em tese, para o bem dos profissionais e do mundo corporativo. Em tese. Porque, na prática, formam, com honrosas exceções, profissionais-máquinas e não profissionais-humanos. No entanto, felizmente, percebe-se o início de um movimento em que o "homem" é o ponto central. O artigo de Daniel H. Pink na *Harvard Business Review*, edição de fevereiro de 2004, nos informa: "Há quem diga que a pós-graduação em Belas Artes é hoje a credencial mais cobiçada no mundo dos negócios. (...) Muitas empresas percebem que a única maneira de diferenciar seus produtos e serviços no mercado saturado e materialmente abundante é tornar transcendental sua mercadoria: fisicamente bela e emocionalmente irresistível". O mito Robert Lutz, quando assumiu a presidência do conselho da General Motors na América do Norte, foi abordado por um jornalista que lhe perguntou de que modo sua abordagem diferiria da do antecessor. Assim respondeu Lutz: "A minha tem mais a ver com o lado direito do cérebro (...). Sinto que pertencemos ao campo da arte. Arte, entretenimento e escultura móvel, que por coincidência também é um meio de transporte". O autor do citado artigo na *Harvard Business Review* assim o conclui: "A General Motors – a General Motors! – está no campo das artes. Agora, todos estamos". E isso é muito bom, pois ainda é comum ver profissionais que não saíram "formados" dos cursos superiores e especializações, mas "informados". Tornam-se profissionais especialistas em repetir pensamentos e idéias de outrem. Diz Daniel H. Pink: "Em 1993, 61% dos contratados pela McKinsey tinham diploma de MBA. Menos de uma década depois, o total caiu para apenas 43%, porque a empresa diz que outras disciplinas são igualmente valiosas para ajudar um recém-contratado a se sair bem no emprego".

EDUCAÇÃO ESPIRITUAL: A NECESSIDADE MAIS PREMENTE

Mais do que se educar tecnicamente, educar o espírito é a saída para o bom profissional. Aqui no Brasil, há muito por fazer nessa área. Não sem base o professor Argüelo, na Unicamp, opinou que "A escola brasileira consegue transformar uma criança criativa aos sete anos de idade num idiota com título de doutor aos 24 anos". Corroborando com essa realidade, o escritor e professor Rubem Alves (leitor amigo, estude as obras deste homem!) relata que certa vez foi encarregado da seleção dos candidatos ao doutoramento em determinada universidade, e, naturalmente, os alunos esperavam ser questionados em temas acadêmicos extraídos dos livros técnicos e curriculares. Rubem Alves questionou os candidatos de modo inusitado. Dirigiu-se a todos de uma forma diferente da que estavam esperando. Formulou um pedido para que os candidatos pensassem, em vez de meramente repetirem os conceitos de outras pessoas. Rubem Alves disse a cada candidato: "Fale sobre aquilo que você gostaria de falar". Os candidatos entraram em pânico, não sabiam o que falar. Relata Rubem Alves: "Foi como se esse campo, aquilo que eles gostariam de falar, lhes fosse totalmente desconhecido, um vazio imenso. Papaguear os pensamentos dos outros, tudo bem. Para isso, eles haviam sido treinados durante toda a sua carreira escolar, a partir da infância. Mas falar sobre os próprios pensamentos – ah, isso não lhes tinha sido ensinado!".

Caro leitor, não faço apologia contra o estudo, mas à importância de estudar certo, e não somente para melhorar o currículo, mas para, principalmente, ser, além de um profissional capaz, um homem melhor, um pensador.

Para que coloquemos a importância do estudo no lugar certo, relato um fato. Bem no crepúsculo do século passado, reuniram-se em Paris, em um encontro patrocinado pela Unesco, mais de 3.000 educadores de mais de 100 países.

Objetivo: chegar às novas demandas do mundo do trabalho; ou em outras palavras: quais qualidades ou características um profissional precisa ter para que o mercado precise dele? Ao final da pesquisa e dos estudos, uma das demandas foi "Prepare-se para estudar durante toda a vida" (para seu conhecimento as outras demandas foram: seja especialista, mas também generalista; invista na criatividade, não só no conhecimento; aprenda a lidar com incertezas; tenha habilidades sociais e capacidade de expressão; saiba trabalhar em grupo; esteja pronto para assumir responsabilidades; entenda que o trabalho globalizou-se; adquira intimidade com novas tecnologias, como a Internet; busque ser empreendedor). Voltando à demanda em destaque, felizmente, esse é o destino de quem quer evoluir: estudar sempre.

A questão é como e o que estamos estudando?

ESTUDAR, SIM. MAS VIVER TAMBÉM!

Fiquemos alertas com o estudo compulsivo, exagerado. Disse Nietzsche: "De manhã cedo, quando o dia nasce, quando tudo está nascendo, ler um livro é simplesmente algo depravado...". Receber as energias vibratórias da natureza é uma forma de educar nossa alma. Feliz de quem entende que mãos sem livros e o silêncio da natureza também são ótimos educadores.

Estamos aprendendo a olhar, a admirar a natureza à nossa volta? E a não abrir os e-mails à noite quando estamos com nossos entes queridos? Em nossos estudos, enfatizamos a humanização das pessoas? Analisamos a essência superior presente em cada um de nós para sabermos melhor utilizá-la? Se a sua resposta for "sim", você está no caminho certo. Os cursos técnicos são importantes, mas fundamentais são os cursos que aprimoram o ser humano como indivíduo espiritual, inteligente e *emotivo*.

NA ERA DA LÂMPADA, É CORRETO APERFEIÇOAR A VELA?

Sobre o estado emocional dos seus funcionários, felizmente um número cada vez maior de empresas abre os olhos para a importância dessa questão. É válido reiterar que o conhecimento técnico é importante, mas o portador do mais avançado conhecimento técnico do mundo, se não tiver habilidades comportamentais, pode ser comparado a um excelente carro estacionado numa belíssima garagem. Júlio Ribeiro, presidente da agência de propaganda Talent, no seu antigo mas ainda atual livro *Fazer acontecer*, disse algo semelhante a: "Nós podemos até aperfeiçoar a vela, deixá-la mais translúcida, mais bonita, com maior poder de combustão, mas jamais conseguiremos transformá-la numa lâmpada". Especializar-se apenas em conhecimento técnico, sem aprimorar a parte comportamental, é equivalente ao "aperfeiçoarmos a vela" de Júlio Ribeiro. E não há como aprimorar efetivamente nossas habilidades na área comportamental sem nosso desenvolvimento emocional.

Certa vez, li o depoimento de um presidente de empresa: "Eu prefiro contratar um executivo com conhecimento mediano, mas que saiba fazer a equipe interagir, do que um executivo brilhante que destrua o departamento". As escolas estão formando executivos brilhantes, mas muitos sem o essencial conhecimento da nova natureza dos significados das empresas, assunto do próximo capítulo. Percebe-se ainda que as empresas contratam executivos brilhantes que, dali a algum tempo, por não cumprirem com as metas propostas, serão substituídos por outros executivos brilhantes, criando um ciclo interminável. Por que será que boa parte dos executivos não encontra solução para os desafios do mundo moderno? Qual a razão desse insucesso? Certamente, uma das mais importantes razões é o fato de não estarem familiarizados com o tema do próximo capítulo.

Capítulo 3

A nova natureza dos significados empresariais

Este é o *capítulo-mãe* deste livro.

Há uma máxima zen que diz: “Meu celeiro foi destruído pelo fogo. Agora posso ver a lua”. Essa mensagem reforça a necessidade de destruir o velho para enxergar o novo. No entanto, se analisarmos com lente de aumento a frase citada, vamos entendê-la também de uma outra forma, como logo veremos.

Para atingirmos a finalidade deste capítulo, é preciso quebrar um paradigma. Apesar de a palavra “destruir” ser sumamente associada a “extinguir”, “eliminar”, ela nos traz também o sentido de “transformar”. E *transformação* é uma das palavras-chaves deste capítulo, pois entenderemos que a nova natureza dos significados empresarias não *destrói* as antigas naturezas, mas *transforma-as.* Complementa-as. A compreensão dessa verdade nos leva à conclusão de que o mundo corporativo não precisa, ao contrário do pensamento comum, se autodestruir para atingir a maioridade empresarial, mas deve *transformar-se*.

Uma advertência: em linguagem metafórica, a locomotiva da nova e terceira natureza dos significados empresariais já está em movimento. A empresa poderá escolher ou não posicionarse bem nessa locomotiva. Se escolher não subir, a locomotiva continuará andando e ela ficará para trás...

Vamos ver a seguir as três naturezas dos significados empresariais, desde:

- a primeira, que *alavancou* o mundo corporativo;
- a segunda, que *esboçou* um sentido mais humano às empresas:
- a terceira que dá real *amplitude* às duas primeiras.

Caro leitor, entenda a locução "significado empresarial", a qual é o mote deste capítulo, como "*razão de ser* das empresas" ou "*razão da existência* das empresas".

As naturezas dos significados empresariais são geradoras de crises, e essas, se bem compreendidas e administradas, são geradoras de desenvolvimento corporativo. Portanto, conhecer a natureza dos "significados" é o primeiro passo para compreender as empresas, e, na seqüência, bem administrá-las para, por fim, alcançar o desenvolvimento do mundo corporativo.

I – A PRIMEIRA NATUREZA DOS SIGNIFICADOS EMPRESARIAIS

A primeira natureza dos significados empresarias foi sustentada na tese de que a empresa é fonte criadora de riquezas e novas tecnologias. Portanto:

Um dos exemplos clássicos, que inicia essa visão de empresa como *fonte criadora de riquezas e novas tecnologias,* foi o surgimento, no início do século XX, da Ford Motor Company. A Ford por muito tempo foi um modelo às novas empresas que surgiam. Ser uma empresa de sucesso era saber explorar da melhor forma possível a força e a inteligência dos seus funcionários. Os funcionários eram vistos como máquinas. Naquela época, os funcionários trabalhavam 10 horas por dia, 7 dias por semana. Não havia descanso semanal nem férias. Era um trabalho escravo, remunerado e, pasme, naturalmente aceito pela sociedade e pelos funcionários, pois empresa não era lugar de analisar ou perder tempo com o fator humano; ao contrário, era lugar para trabalhar, apenas.

Até hoje ainda existem empresas vivendo essa fase, obviamente sem exigir um trabalho escravo como o citado. Mas são empresas cuja imagem é a de fonte criadora de riquezas e novas tecnologias, e nada mais. São empresas ultrapassadas, porém mesmo assim acharam o caminho da sobrevivência. Como conseguem? Fácil. Fazem com que seus funcionários não vivam, mas sobrevivam, como as próprias empresas. São exemplos de exploração pura e simples, com funcionários cativos que, por não enxergarem ou procurarem outras alternativas, são submetidos às mais angustiantes pressões.

II – A segunda natureza dos significados empresariais

A segunda natureza dos significados empresariais sustenta-se na tese de que a empresa é um organismo inserido na comunidade e, como tal, é instituição responsável social e comunitariamente. Para essa nova natureza imperar, a antiga não deve nem pode ser destruída, mas transformada. De forma mais completa, a empresa começa então a ser vista da seguinte maneira, representando a junção das duas naturezas:

Segunda natureza dos significados empresariais: *Empresa é a fonte criadora de riquezas e novas tecnologias; instituição responsável social e comunitariamente.*

Nessa segunda natureza, as empresas despertaram para sua função social. Passam a ser comunitariamente mais responsáveis. Funcionários, clientes e fornecedores são compreendidos como seres humanos, não como objetos com braços e cérebros, como na época da primeira natureza dos significados empresariais.

A ética agora faz parte dos valores da empresa. A integridade assumiu poderes excepcionais no inter-relacionamento empresa e mercado. Teoricamente, as empresas, sob a égide da influência da segunda natureza, passaram a ser ideais. Teoricamente. Um discurso bonito e empolgante proliferou-se nas empresas comprometidas com essa segunda natureza, e, por que não dizer, a boa vontade dos dirigentes em tornar realidade a existência de uma empresa responsável era (é) um fato. No entanto, havia (há) um fosso entre a realidade e o discurso bonito e muitas vezes sincero dos dirigentes empresariais. Contudo, se havia boa vontade e sinceridade nos propósitos, por que a realidade se apresenta de forma tão diferente? Por um só motivo: essas empresas ainda não assimilaram a terceira natureza, assunto do próximo item.

III – A TERCEIRA – E ÚLTIMA – NATUREZA DOS SIGNIFICADOS EMPRESARIAIS

A terceira natureza dos significados empresariais, ainda em gestação, sustenta-se na tese de que a empresa é a instituição geradora de atitudes pró-ativas de valorização do indivíduo. Também como na aplicação das outras duas primeiras naturezas, para que essa impere, as antigas não devem nem podem ser destruídas, mas transformadas com a força desse novo complemento. De forma mais completa, a empresa começa a ser compreendida da seguinte maneira, representando a junção das três naturezas:

Terceira natureza dos significados empresariais: *Empresa é a fonte criadora de riquezas e novas tecnologias; instituição responsável social e comunitariamente* e *geradora de atitudes pró-ativas de valorização do indivíduo.*

Nessa terceira e nova natureza, a empresa permanece vista como fonte criadora de riqueza e novas tecnologias, mas não só. Precisa ser entendida como instituição responsável social e comunitariamente, mas ainda não é suficiente. Agora, "o indivíduo" torna-se o centro da atenção, seja o indivíduo-funcionário, o indivíduo-cliente, o indivíduo-fornecedor ou o indivíduo-acionista. A partir de cada uma das figuras citadas, a nova natureza dos significados empresarias enxerga um ser humano.

É verdade que na segunda natureza as pessoas também eram valorizadas como seres humanos. A diferença entre as duas é que, na segunda natureza, o ser era visto com humanidade, mas perdido numa massa populacional. Nesta nova natureza, o indivíduo continua a ser considerado um ser humano, mas de *forma individual.* Em outras palavras, sob vigência da segunda natureza, o foco era a coletividade (algo abstrato), e, na terceira natureza, o foco é a individualidade (algo concreto).

Para entendermos ainda melhor a diferença mencionada:

Na segunda natureza, o cliente ganhou voz e valorização como ser humano. Por exemplo, as empresas criaram o sistema de atendimento ao consumidor. O cliente, ao comprar um produto com defeito, poderia reclamar. No entanto, ao telefonar para a empresa, ouviria uma voz gravada, dando-lhe algumas opções como "aperte a tecla um se quiser...", "aperte a tecla dois se quiser...", e assim por diante. O cliente tem voz dentro de uma massa humana, e não de forma individual. Nesta nova e terceira natureza, o cliente, ao telefonar para o serviço de atendimento ao consumidor, será atendido de forma individual e pessoal, isto é, uma voz humana, viva e simpática vai atendê-lo, tratando-o de forma familiar, respeitosa e com muito afeto, tratando o problema a partir da perspectiva do cliente. Eis a grande diferença. Essa nova postura empresarial é um grande desafio para as empresas, mas eficiente é a empresa que enfrenta rápido esse desafio, enquadrando-se nessa terceira natureza.

A empresa da terceira natureza tem *alma*. Casas Bahia, rede brasileira de lojas, são, mundialmente, um dos maiores sucessos em vendas e fidelização de clientes. Seu fundador, Samuel Klein, diz que as Casas Bahia são uma empresa grande com alma de empresa pequena. Com certeza, esse é o maior motivo do seu sucesso. A empresa pequena, com alma, enxerga cada cliente como indivíduo.

Nessa nova e terceira natureza, os dirigentes empresariais terão um peso importantíssimo para apontar o caminho, atuando como elemento facilitador da implantação dessa nova fase. Mas, ao contrário do que se pensa, o sucesso não será fruto direto das atitudes dos dirigentes corporativos, apesar da conduta desses ser muito importante.

Nessa nova fase, a responsabilidade individual dos funcionários, dos clientes, dos fornecedores e dos acionistas será o grande mote. Não caberá mais ao funcionário reclamar do líder, mas de si mesmo, por não ter vontade e força para criar, com afeto e pulso firme, um ambiente e uma saudável pressão geradora de um novo contexto. Nesse sentido, nós não poderemos transferir a responsabilidade de mudança para os outros.

Essa nova fase é difícil de ser implantada, pois implica o enfrentamento de vários desafios individuais, isso é, implica a autovalorização do ser humano, no desenvolvimento do amor próprio e no descobrimento de sua essência superior. Depende da descoberta e da vivência da centelha divina presente em cada um de nós. Tudo isso numa época em que o egoísmo se faz tão presente. O desafio é grande, mas não há outra alternativa para o mundo. Felizmente, outras correntes surgem nessa boa direção. E um exemplo marcante é a base da Organização das Nações Unidas para a Educação, a Ciência e a Cultura (Unesco) para orientar seus projetos de ação para o século XXI. Sob o auspício da fundação francesa Jacques Delors e com a contribuição de especialistas da área da educação de todos os países associados, a Unesco mostra "um rumo" para a humanidade. Os roteiros e currículos de aprendizagem serão estimulados a se assentar em quatro pontos: aprender a ser, aprender a fazer, aprender a conviver e aprender a conhecer. Essa contribuição da Unesco, centrada em valores e habilidades, é um marco para o mundo educacional e corporativo em geral.

Reitero: a terceira natureza dos significados empresarias será difícil de ser implantada, mas possível. E neste livro está o caminho a ser trilhado para que essa possibilidade torne-se um fato.

MENTE DE APRENDIZ

Para compreender a extensão das possibilidades de aplicação dessa terceira fase, é preciso que os pensamentos e as atitudes sejam frutos da *mente de aprendiz*. Geralmente, não estamos habituados a isso.

Mas o que é *mente de aprendiz*?

Mente de aprendiz é a qualidade que nos capacita a estudar um livro, um tema ou assunto qualquer, com a *mente aberta*. É um difícil hábito a desenvolver. Difícil, porque todas as nossas convicções estão sustentadas em modelos mentais fortemente arraigados. Nunca lemos ou escrevemos algo de forma imparcial. A imparcialidade não existe. Sempre interpretamos nossas leituras e, na escrita, interpretamos nossas "verdades". Portanto, se o propósito for ser "eterno" aprendiz, é preciso, por exemplo, na leitura, abstrair ao máximo para que a natural parcialidade não perturbe a aprendizagem.

Por não utilizar a mente de aprendiz, Ken Olsen, fundador da Digital, em 1977 disse: "Não há motivo algum para alguém ter um computador em casa". Augusto Lumière, em 1895, afirmou a respeito do seu próprio invento: "O cinema será encarado por algum tempo como uma curiosidade científica, mas não tem futuro comercial". Albrechtsber, professor de composição de Beethoven, disse: "Beethoven nunca aprendeu nem aprenderá coisa alguma. Como compositor é um caso perdido". Em 1899, Charles Duell, responsável pelo serviço americano de patentes, ao sugerir que seu departamento fosse extinto, afirmou: "Tudo o que tinha que ser inventado já foi inventado".

O erro desses gênios – e realmente foram gênios – ainda hoje é um procedimento comum nas pessoas. Diminuirão sensivelmente estas falhas de percepção quando a mente de aprendiz for o sustentáculo de nossas leituras, estudos e atitudes.

Se, de forma rotineira, nós não colocarmos em ação essa mente de aprendiz, daqui a dez anos estaremos rindo, constrangidos, das bobagens das nossas certezas de hoje.

O educador Pierre Furter deixou para os interessados e estudiosos do assunto "evolução humana" uma máxima que é um exemplo de singularidade e significado: "O homem, embora um ser limitado, é um ser inacabado num processo de infinita maturação". Essa afirmação esclarece-nos, de forma sintetizada, que nossos limites, no campo da evolução, são sempre temporários (pena existirem pessoas que transformam seus limites temporários em permanentes).

Às vezes, parece que nosso limite final de competência foi atingido. Esse momento é mágico, desde que haja consciência do patamar alcançado, humildade e determinação. Quando se chega ao extremo do limite, esse é o momento especial em que se "cria". E, com pensamentos e ambiente (graças à nossa criação), subimos a escada evolutiva da competência. Quem confirma essa verdade é um dos maiores pilotos de corrida de todos os tempos, o sempre admirado e inesquecível Ayrton Senna: "Num dia qualquer, em quaisquer circunstâncias, você descobre que tem um limite. Você chega a esse limite. Você toca esse limite e diz: 'certo, esse é o limite!'. Quando você chega a esse ponto, algo acontece: você descobre que pode ir um pouco mais além. Com o poder da mente, sua determinação e instinto, e sua experiência também, você pode voar muito alto".

A frase do educador Pierre Furter reforça a tese que agora lhe transmito, caro leitor: uma das mais importantes descobertas relacionadas aos estágios da evolução humana é que há sempre um hiato entre os níveis de nossa competência atual e o de competência máxima (esta ainda não descoberta, por mais que exista em estado latente).

Quando não há compreensão da existência desse hiato, julgamo-nos "donos da verdade". Acreditamos ter atingido o máximo da competência, o que é um grave erro. Na realidade, competente é quem sempre pergunta a si mesmo: "No **que**, ou **em que**, minha competência acoberta a minha ignorância?".

Quando Sócrates foi considerado o ser mais inteligente da Terra pela pitonisa de Delfos, ele, sabiamente, esclareceu: "Sabes por que me consideram mais sábio do que os outros? É porque eu conheço a minha ignorância. O conhecimento da própria ignorância é o início da sapiência".

É paradoxal, mas esta é a realidade: é sinal de inteligência considerarmo-nos competentes (com boa auto-estima) e, ao mesmo tempo, ignorantes.

Reforço o que escrevi no início desse subtema:

Para compreender a extensão das possibilidades de aplicação dessa terceira fase dos significados empresariais, é preciso que os pensamentos e as atitudes sejam frutos da mente de aprendiz. E o meu convite é para que sua leitura seja inspirada por ela. E aproveite para exercitar esse novo hábito já na primeira **Pausa para Reflexão**, logo a seguir. Tanto quanto possível, dispa sua mente dos seus modelos mentais e leia com a mente aberta.

As alternâncias entre os 7 textos de outros autores, denominados **Pausa para Reflexão**, e os 25 capítulos escritos por mim farão com que você, caro leitor, se sinta ora como um ser preponderantemente espiritual, ora como profissional. Ao final, ficará claro que você, ou melhor a humanidade, é a soma do profissional e do espiritual, e, infelizmente, até agora erramos por querer separar uma circunstância da outra. Infelizmente, perdemos tempo na vida na tentativa de separar o inseparável. E, por isso, sofremos: por tentarmos o impossível!

Pausa para reflexão 1

Caminhos do coração

Joanna de Ângelis*

Multiplicam-se os caminhos de processo evolutivo, especialmente durante a marcha que se faz no invólucro carnal.

Há caminhos atapetados de facilidades, que conduzem a profundos abismos do sentimento.

Apresentam-se caminhos ásperos, coalhados de pedrouços que ferem, na forma de vícios e derrocadas morais escravizadores.

Abrem-se, atraentes, caminhos de vaidade, levando a situações vexatórias, cujo recuo se torna difícil.

Repontam caminhos de angústia, marcados por desencantos e aflições desnecessárias, que se percorrem com loucura irrefreável.

Desdobram-se caminhos de volúpias culturais, que intoxicam a alma de soberba, exilando-a para as regiões da indiferença pelas dores alheias.

Aparecem caminhos de irresponsabilidade, repletos de soluções fáceis para os problemas gerados ao longo do tempo.

Caminhos e caminhantes!

Existem caminhos de boa aparência, que disfarçam dificuldades de acesso e encobrem feridas graves no percurso.

---

* ÂNGELIS, Joanna de. Psicografia de Divaldo Franco. *Momentos de felicidade*. Bahia: Leal, 1992.

Caminhos curtos e longos, retos e curvos, de ascensão e descida, estão por toda a parte, especialmente no campo moral, aguardando ser escolhidos.

Todos eles conduzem a algum lugar, ou se interrompem, ou não levam a parte alguma... São, apenas, caminhos: começados, interrompidos, concluídos...

Tens o direito de escolher o teu caminho, aquele que deves seguir.

Ao fazê-lo, repasse pela mente os objetivos que persegues, os recursos que se encontram à tua disposição íntima, assinalando o estado evolutivo, a fim de teres condição de seguir.

Se possível, opte pelos caminhos do coração.

Eles, certamente, levarão os teus anseios e a tua vida ao ponto de luz que brilha à frente esperando por ti.

O homem estremunha-se entre os condicionamentos de medo, da ambição, da prepotência e da segurança que raramente discerne com correção.

O medo domina-lhe as paisagens íntimas, impedindo-lhe o crescimento, o avanço, retendo-o em situação lamentável, embora todas as possibilidades lhe sorriem esperança.

A ambição alucina-o, impulsionando-o para assumir compromissos perturbadores que o intoxicam de vapores venenosos, decorrentes da exagerada ganância.

A prepotência anestesia-lhe os sentimentos, enquanto lhe exacerba as paixões inferiores, tornando-o infeliz, na desenfreada situação a que se entrega.

A liberdade a que aspira propõe-lhe licenças que te permites sem respeito aos direitos alheios nem observância dos deveres para com o próximo e a vida, destruindo qualquer possibilidade de segurança, que, aliás, é sempre relativa enquanto se transita na veste física.

Os caminhos do coração se encontram, porém, enriquecidos da coragem, que se vitaliza com a esperança do bem, da humildade, que reconhece a própria fragilidade, e satisfaz-se com os dons do espírito – ao invés do tresvariado desejo de amealhar coisas de secundária importância –, os serviços enobrecedores e a paz, que são a verdadeira segurança em relação às metas a conquistar.

Os caminhos do coração encontram-se iluminados pelo conhecimento da razão, que lhes clareia o leito, facilitando o percurso.

Jesus escolheu os caminhos do coração para acercar-se das criaturas e chamá-las ao reino dos Céus.

Francisco de Assis seguiu-lhe o exemplo e tornou-se o herói da humildade.

Vicente de Paulo optou pelos mesmos e fez-se o campeão da caridade.

Gandhi redescobriu-os e comoveu o mundo, revelando-se como o apóstolo da não-violência.

Incontáveis criaturas, nos mais diversos períodos da humanidade, e mesmo hoje, identificaram esses caminhos do coração e avançam com alegria na direção da plenitude espiritual.

Diante dos variados caminhos que se desdobram convidativos, escolhe os caminhos do coração, qual ovelha mansa, e deixe que o Bom Pastor te conduzas ao aprisco pelo qual anelas.

Capítulo 4

Pela primeira vez

Ninguém e nenhuma instituição poderão vangloriar-se de ter iniciado o processo da nova natureza dos significados empresarias. Estas novas naturezas surgem espontaneamente por força do descrédito da natureza anterior e, ainda que paradoxal, não destroem o passado, valorizam-no sob uma outra visão mais plena de significado. Como poderíamos dizer que o anseio de uma empresa por lucro é coisa do passado? É natural que uma empresa seja fonte de lucro e geradora de riquezas materiais. A diferença é que na nova natureza ela será, também e principalmente, geradora de riquezas humanas e espirituais.

Esta nova natureza é uma locomotiva que, sozinha, começou a se locomover. Mas ainda poucas empresas se acomodaram para usufruir o conforto desafiador de suas poltronas.

Numa observação detida, a percepção é de que a locomotiva realmente se move, segue seu curso. O início deste milênio foi marcante ao mostrar os sinais dessa mudança. A seguir, alguns exemplos.

Pela primeira vez a Fundação Getúlio Vargas (outubro de 2003) promoveu um encontro com 200 presidentes de empresas para falar sobre vida pessoal e cidadania. Observe, leitor, *pela primeira vez* o tema de um encontro de líderes foi *vida pessoal* e *cidadania*.

Atenção, leitor, você sabe que, quando algo ocorre "pela primeira vez", há quebra de paradigma. E, pondere, no encontro o assunto não foi visão estratégica ou qualquer outro tema correlato. O assunto foi "vida pessoal e cidadania"!!!

Em setembro de 2003, mais de 50 diretores e presidentes de empresas, no 15º Fórum de Marketing Industrial, detectaram o crescimento da taxa de infelicidade entre os funcionários da empresa. José Carlos Teixeira, o responsável pelo Fórum, disse que um dos fatores para crescimento dessa taxa é a ausência de uma "causa", seja por parte das empresas, seja por parte dos funcionários.

Atenção, leitor! Percebeu que os funcionários querem enxergar uma "causa" para valorizar sua função na empresa?

Em artigo da revista *Você S/A*, de agosto de 2003, o articulista Po Bronson, com vários fatos comprobatórios incontestáveis, acrescenta: "As pessoas que encontraram seu lugar no mundo não dizem que fazem um trabalho excitante, desafiador e estimulante. Seu discurso invoca outra trinca: significado, importância e realização".

Atenção, leitor, percebeu que, mais do que ter um trabalho "excitante", os funcionários querem encontrar um "significado" no trabalho?

Pesquisa feita em 2003, capitaneada pelo consultor César Souza, em parceria com a Associação Brasileira de Recursos Humanos, constatou que os presidentes das empresas não colocam os sonhos empresariais como prioritários; 15% dos presidentes priorizam sonhos para a empresa, 47% priorizam os sonhos pessoais e 48% priorizam sonhos para o Brasil.

Em outras palavras, 85% dos presidentes não priorizam sonhos para a empresa! A conclusão dessa pesquisa é que as empresas não proporcionam aos seus presidentes um tipo de trabalho capaz de oferecer real significado.

O que os presidentes querem encontrar no exercício do seu trabalho? Significado.

Na Expomanagement 2002, realizada no Brasil, estiveram presentes, entre outros, os principais gurus: do Marketing, Kevin Clancy; das marcas, Scott Bedbury; da alma humana, Deepak Chopra; das mudanças, Tom Peter; e do aprendizado, Peter Senge. Qual deles foi mais solicitado? Você acertou: Deepak Chopra, o guru da alma humana.

Por que será que empresários e executivos vão a um seminário para conhecer estratégias corporativas e acabam, no fim, se envolvendo mais com um especialista da alma humana?

Conclusão: As pessoas estão ansiosas para encontrar um *significado* para sua vida pessoal e profissional. Não é à toa que Peter Drucker disse com muita propriedade: "Ganhar a vida já não é suficiente, o trabalho tem de nos permitir vivê-la também".

Pelos exemplos expostos, está claro que, quando a empresa valoriza o funcionário, o fornecedor, o cliente e o acionista, como seres humanos *individuais*, e não somente como integrantes de uma massa, ganha em termos de fidelidade e comprometimento desses parceiros.

Caro leitor, não deixe a locomotiva passar à sua frente. Com muita convicção, suba o degrau da locomotiva, aconchegue-se na poltrona. Faça sua parte. Mereça ser feliz.

Capítulo 5

Os valores mudaram

Nas empresas sob influência da primeira natureza dos significados, a qual define empresa como "a fonte criadora de riquezas e novas tecnologias", o valor é a riqueza material.

Nas empresas sob influência da segunda natureza, cuja definição de empresa é "a fonte criadora de riquezas e novas tecnologias; instituição responsável social e comunitariamente", o valor é a riqueza humana, como massa, sem que com esse novo valor a empresa perca o importante fator de ser, também, geradora de riquezas materiais.

Nas poucas empresas que são influenciadas pela terceira natureza, definidas, portanto, como "a fonte criadora de riquezas e novas tecnologias; instituição responsável social e comunitariamente e geradora de atitudes pró-ativas de valorização do indivíduo", o valor é a riqueza humana, como indivíduo, o que não implica a perda do potencial da empresa de ser, também, geradora de riquezas materiais e humanas.

A segunda e a terceira natureza dos significados empresariais parecem ser iguais. Parecem. Na realidade, estão muito próximas, mas são bem diferentes. Por exemplo, sob a vigência da primeira natureza, o cliente comprava o seu automóvel conforme o mercado ordenava. "Este é o carro que lhe oferecemos, e pronto."

Sob a vigência da segunda natureza, o cliente compra o seu carro escolhendo e montando-o pela Internet, tendo, no entanto, poucas alternativas sugeridas pela empresa fabricante.

Sob a vigência da terceira natureza, o cliente compra o seu carro escolhendo e montando-o pela Internet, com as mais diversas possibilidades de "construir" um carro, respeitando o seu desejo individual. Óbvio que a empresa fabricante poderá sugerir alternativas, mas numa gama de variedades que satisfaça o desejo individual de cada cliente, inclusive na forma de pagamento.

Em outras palavras, terá mercado a empresa que mais atender ao desejo do indivíduo, e vai perder mercado aquela que atender ao desejo de uma massa constituída de indivíduos.

Não é fácil atingir esse estágio.

Esse novo estágio dependerá, não das mudanças das empresas, mas das dos trabalhadores, pois as empresas mudam somente quando seu pessoal e sua cultura mudam. Reforçando: a mudança das empresas será conseqüência natural da mudança do seus funcionários.

De forma paradoxal, ainda que verdadeira, a empresa terá importante participação nesse processo, pois, se os funcionários vão "fazer acontecer" a necessária fogueira, por outro lado, a faísca geradora precisa vir dos líderes das empresas.

A atuação eficaz do líder, sempre importante, nessa nova fase é fundamental, mas somente para criar a faísca. Ele não deve fazer mais do que isso, senão a fogueira não surgirá.

Nessa nova fase, líder centralizador e dono da verdade não tem vez.

Na aqui já citada pesquisa feita pelo Ibase em 2004, comprovou-se que a segunda natureza dos significados ainda imperava (e, na realidade, ainda impera). Veja a conclusão da pesquisa: "Em 76% das empresas analisadas pelo Ibase, os projetos sociais são definidos pela direção da empresa, sem que haja participação e sugestões dos funcionários". Essa pesquisa mostra uma realidade assustadora de centralização de decisões. Qual é o resultado desse proceder? O resultado mais evidente é o fracasso nos projetos sociais. Dentre esses fracassos, destaca-se um percentual muito pequeno de trabalhadores dispostos a trabalhar voluntariamente. E o trabalho voluntário do funcionário é – ou deveria ser – o propósito maior de qualquer projeto de responsabilidade social nas empresas.

Quando as empresas vivenciarem a terceira natureza dos significados empresarias, os funcionários serão os responsáveis pela elaboração dos projetos sociais, e não mais a direção da empresa. A pequena – mas importante – função da direção da empresa será a de viabilizar a "faísca". No entanto, a "fogueira" será responsabilidade dos funcionários. Esses, sentindo-se individualmente integrantes da elaboração do projeto, agirão com prazer e competência. E os resultados serão os melhores possíveis, pois ganha o funcionário, por encontrar significado para a vida, e ganha a empresa em todos os sentidos, inclusive na rentabilidade, visto que pesquisas comprovam que funcionário exercendo trabalho voluntário, além de ser mais responsável, é mais produtivo!

Capítulo 6

Resultados, resultados e resultados

Falar para funcionários sobre a importância da empresa valorizá-lo em sua individualidade é como oferecer pirulito para criança. Mas como o acionista ouve esse assunto?

Com raras exceções, o acionista geralmente está atrasado em relação ao surgimento das novas naturezas. Ele só pensa em resultados, resultados e resultados. Traduzindo: lucro, lucro e lucro! Adicione a essa visão do acionista o mercado implacável, frio, exigente! Enfim, há um abismo entre a realidade fria dos negócios e a valorização do indivíduo-funcionário.

Na realidade, acionistas como os citados deixam a locomotiva passar e, como conseqüência, ou perdem dinheiro ou deixam de ganhar ainda mais.

Algumas empresas já abriram os olhos para a importância do foco no indivíduo.

Uma empresa existe em função de três segmentos básicos: acionistas, clientes e funcionários. Com base nessa informação, pode-se dizer que, numa escala de valores, os acionistas estão em primeiro lugar, pois são os que, com seu capital, tornaram a empresa realidade. Em segundo, viriam os clientes, observando que a empresa foi constituída para servir seus clientes e, com isso, obter lucros e prosperar. Em último lugar, os funcionários, pois, se não houvesse acionistas nem clientes, os funcionários não teriam sentido.

Portanto, a escala de valores de uma empresa seria classificada assim:

1º Acionistas;

2º Clientes;

3º Pessoal.

Será?

Pela lógica das duas primeiras naturezas, não há o que contestar em relação à seqüência acima. Mas, contrariando toda essa lógica, surge a nova e terceira natureza para inverter essa seqüência. Isto é, nas empresas que não consideram os funcionários como seu maior ativo, os acionistas receberão dividendos menores, e seus clientes não estarão tão satisfeitos quanto poderiam.

A nova escala de valores passa a ser:

1º Pessoal;

2º Clientes;

3º Acionistas.

É ultrapassada a época de dizer que "os acionistas estão em primeiro lugar" ou "os clientes estão em primeiro lugar". O líder sábio propaga: "Nosso pessoal está em primeiro lugar".

Mas como? Os clientes e os acionistas não são importantes?

São. Muito importantes. E justamente por isso o pessoal deve ser valorizado, por ter como missão atender aos especiais segmentos compostos de clientes e acionistas.

A expressão "os clientes em primeiro lugar" pode até ser utilizada como frase forte de *marketing* empresarial. Mas, no frigir dos ovos, os clientes só se sentirão privilegiados se o *pessoal* tiver motivação para atendê-los bem, valorizá-los e respeitá-los.

Peter Drucker, o visionário, já afirmava há mais de trinta anos que o maior ativo da empresa é o seu pessoal. Hoje, a nova natureza dos significados empresariais coloca em pauta essa realidade.

Algumas empresas vivem essa realidade há muito tempo. Dois exemplos:

I – A MTW Corp., empresa de *software* dos Estados Unidos, reduziu drasticamente a rotatividade do seu pessoal. A rotatividade na MTW é um quinto do padrão do seu setor. E, em cinco anos, aumentou um faturamento anual de US$ 7 milhões para US$ 40 milhões. Causa desse sucesso? Uma cultura que privilegia os funcionários. Complementa artigo da revista *HSM-Management* de outubro de 2001: "A verdade é que, ao gerenciar pensando em resultados, as empresas freqüentemente deixam de lado o fator humano. Uma exceção à regra é a MTW que construiu toda uma cultura em torno da idéia de que 'nossa gente vem em primeiro lugar' ".

II - No livro *Inteligência emocional na empresa*, de Cooper e Sawaf, lemos a seguinte informação:

> "Na Southwest Airlines, a oitava entre as maiores companhias aéreas dos Estados Unidos, a confiança desempenha um papel-chave para torná-la a mais solidamente lucrativa empresa de transportes, que repetidamente vem obtendo as melhores classificações do Departamento de Transportes do Estados Unidos,

no que se refere à pontualidade dos vôos, melhor manuseio da bagagem e menor número de reclamações. Na Southwest, os clientes vêm em segundo lugar. Os funcionários estão em primeiro..."

Perceberam que na MTW e na Southwest Airlines, além dos clientes estarem satisfeitos, os acionistas certamente recebem ótimos dividendos? Todo esse sucesso é a conseqüência natural dos funcionários em primeiro lugar na escala de valores.

Enfim, na MTW e na Southwest Airlines, empresas cujos funcionários estão em primeiro lugar, seus acionistas têm resultados, resultados e resultados. Ou melhor: lucros, lucros e lucros!

PAUSA PARA REFLEXÃO 2

Pérola de Deus

Ermance Dufaux*

A pérola, uma das mais belas jóias naturais, é formada a partir do instante em que as ostras são agredidas por algum agente externo e liberam uma substância chamada nácar, cujo objetivo é envolver aquele elemento agressor e protegê-las. O acúmulo de várias camadas de nácar em movimentos concêntricos vai formar a pérola depois de algum tempo.

A felicidade é como a pérola formada dentro da ostra: nasce dos embates de cada dia no esforço da transformação no reino do sentimento.

Portanto, mesmo com os problemas e dificuldades, não desanimes ou interrompas teus ideais de espiritualização. A seu tempo, perceberás um clarão reluzente na tua intimidade, refletindo a riqueza e a sabedoria do Pai, que servirão para embelezar a vida e fazer-te mensageiro da paz em ti mesmo. É a pérola da alegria definitiva.

Ser feliz é estar bem consigo e com o mundo. É deixar a pérola da alegria luzir para tudo que vibra à tua volta. Ser feliz é desconhecer barreiras, porque a felicidade anda de mãos dadas com a fé. Ser feliz! Quanto significa essa expressão!

---

* DUFAUX, Ermance. Psicografia de Wanderley Soares de Oliveira. *Mereça ser feliz*. Minas Gerais: Inede, 2005.

Abre-te para a vida sem medo ou culpa, acredita no futuro, trabalha e serve, ama e perdoa. Inevitavelmente serás respondido pelas leis que conspiram a favor de teu progresso e ascensão.

Prossegue confiante na conquista de ti próprio e guarda inabalável certeza que fostes criado por Deus para ser feliz na condição de "ostra da Terra" e pérola de Sua Criação.

Capítulo 7

E quando chegar a segunda-feira?

Além de cursos, consultorias e treinamentos, ministro palestras e seminários. Um dos seminários mais requisitados é o *Liderança eficaz & espiritualidade*. Em determinado final de semana, mais propriamente em um domingo, ministrei esse seminário. O público presente era composto por profissionais de diversas empresas. Esse tema, para alguns ainda inusitado, tem gerado um bem-estar muito grande ao público, pois um dos enfoques é fazer os profissionais vislumbrarem um significado para a vida e, por conseqüência, serem ainda melhores pessoas e melhores profissionais. Enfim, estava ministrando o seminário e, quase próximo do encerramento, uma participante de forma muito simpática manifestou-se: "Alkíndar, o que você colocou aqui é o mundo que sonhamos, mas eu pergunto: E segunda-feira? Como será a segunda-feira na empresa? Isto é, como trabalharmos com alma diante da realidade fria de uma empresa altamente competitiva que só pensa em números?".

Com o objetivo de melhor entender o desafio dessa interlocutora, "respondi" à pergunta com uma outra pergunta: "Qual é um problema específico que traduz esta dificuldade para trabalhar com alma dentro da sua empresa?". Ela respondeu de forma generalizada, sem dar um exemplo prático.

Insisti em passar um problema específico, o que então ocorreu: "Não vejo grande problema em eu ser uma pessoa ainda mais afetuosa e mais espiritualizada, pois já penso desta forma, mas como fazer com que meu chefe pelo menos respeite mais o pessoal de sua equipe?".

Caro leitor, esse é o sonho irrealizável de muitas pessoas: *querer mudar os outros*. Felizmente, a resposta à pergunta feita pela simpática e interessada participante viria naturalmente na parte final do seminário, o que a deixou satisfeita. A seguir, em síntese, o que foi dito.

Para uma mudança no mundo em que vivemos, a forma como ele é visto e sentido também deve ser transformada. A questão maior é sempre "como eu vejo o mundo".

Nessa nova natureza dos significados empresariais, relato quais devem ser nossos maiores empenhos:

Não querer mais mudar o chefe.

Não culpar mais o chefe.

Não culpar mais a empresa, o governo ou Deus.

A nova natureza mostra que o único caminho para melhorar o mundo externo é melhorarmos nosso interior. Enquanto enxergamos no outro o problema ou a solução, as empresas e o mundo continuarão como estão.

Você vai ver, caro leitor, que o grande esforço deste livro é mostrar-lhe caminhos para conseguir prodigiosas mudanças interiores, pois, quanto mais melhorarmos, mais as pessoas à nossa volta tenderão a mudar. Se, por exemplo, queremos receber afeto das pessoas próximas, a regra é: "sejamos afetuosos".

Capítulo 8

Aprendendo a ter visão de futuro

Admiro Peter Drucker, que viveu até os 96 anos como educador de líderes, e seus ensinamentos. Mas quem, conhecendo os seus ensinamentos, não o admira? A principal qualidade nesse grande mestre foi seu poder de homem visionário. Ele conseguia enxergar o futuro com décadas de antecedência. Por exemplo, numa época – há mais de quarenta anos – em que as empresas não focavam, como agora, o tema responsabilidade social, Drucker disse: "Quem exerce trabalho voluntário a favor do próximo é mais produtivo na empresa". Hoje, essa frase, como se diz no interior, é "chover no molhado". No entanto, naquela época, ela não foi ouvida por nenhum empresário. Se tivessem ouvido, procurariam incentivar o trabalho voluntário, para terem funcionários mais produtivos e motivados, e, então, o tema responsabilidade surgiria muito antes no mundo corporativo.

Ele, em 1960, visualizou o Japão como futura potência mundial, algo inacreditável para a época. Os incrédulos – a maioria – diziam: "Como um país tão pequeno, trazendo ainda os percalços destruidores da Segunda Guerra, poderá ser potencia mundial?".

Em 1950, ele previu a revolução da maneira de trabalhar, por meio do uso dos computadores. E, imagine, caro leitor, naquela época o computador pessoal nem existia!

A partir dos exemplos anteriores, pode-se afirmar que uma das evidentes qualidades do mestre Peter Drucker era ter visão de futuro. Quem não gostaria de tê-la? Mas como consegui-la?

Por um bom tempo, acreditei que ter visão de futuro era uma qualidade inexplicável, que até poderíamos desenvolvê-la, pois tudo é possível a quem acredita ser capaz. Mas não encontrava um caminho para ensinar em meu trabalho de consultor e palestrante como desenvolver essa visão de futuro. Se, por exemplo, um dia eu soubesse como Drucker agia para ter visão de futuro, a resposta tão sonhada iria surgir.

E esse dia chegou!

Todos sabemos, como já disse, que um dos pontos mais fortes de Peter Drucker é seu poder de visão de futuro, e um dos seus biógrafos, Robert Heller, nos esclarece o porquê desse seu poder: "O ponto mais forte de Peter Drucker é a sua **habilidade de interpretar o presente**, de perceber, antes de qualquer pessoa, o que realmente está acontecendo na sociedade, na economia e nas empresas".

Veja que ótima informação: ter visão de futuro já tem regra. O sinônimo de "visão de futuro" é "interpretar o presente"!!!

Descobri, então, que ter visão de futuro nada mais é do que desenvolver a capacidade de saber analisar o presente. Fácil, não? Bem, fácil não é, mas pelo menos já sabemos como ter visão de futuro.

Ter visão de futuro nada mais é do que desenvolver a capacidade de analisar o presente? Será isso mesmo?

Pense comigo, caro leitor, se tiver em dúvida sobre essa questão: Não é verdade que, quando Peter Drucker disse há mais de quarenta anos que "quem exerce trabalho voluntário a favor do próximo é mais produtivo na empresa", ele comentava sobre uma realidade já existente naquela época, mas que as empresas demoraram décadas para enxergar?

Caro líder empresarial, todo este capítulo é dirigido a você. Tem o objetivo de estimulá-lo a usar seu poder de visão de futuro, o que em outras palavras significa: tem o propósito de aguçar seu interesse em *interpretar o momento presente*. No caso deste livro, ter visão de futuro é interpretar a realidade escancarada à nossa frente, pois, mais do que nunca, as pessoas que trabalham na sua empresa querem:

a) encontrar uma causa no trabalho;
b) dar significado à vida;
c) ser felizes.

Se você consegue enxergar a realidade dos três itens acima, então sabe interpretar perfeitamente o momento presente. Parabéns pela sua "visão de futuro"!

A nova natureza dos significados empresariais está agindo. As pessoas, sejam acionistas, funcionários, fornecedores ou clientes, querem ser vistas como indivíduos, e não como integrantes de uma massa populacional.

Em artigo do jornal *O Estado de S. Paulo*, de 21 de dezembro de 2003, a jornalista Terciane Alves escreveu um texto exemplar sobre determinada ação empresarial em sintonia com o objetivo deste livro. Os empresários que agirem como na história a seguir são visionários, ou melhor, sabem bem interpretar o presente. Veja o texto:

> "No último dia 11, o pequeno Matheus Sousa Ribeiro, de 3 anos, demorou a pegar no sono. Soube que no dia seguinte teria um programa atípico. Naquela noite, a mãe, Gloria Maria Souza Ribeiro, analista de suporte da Redecard, lhe deu a seguinte

notícia. 'Sabe onde você vai amanhã? Trabalhar com a mamãe'. Na seqüência da frase, conta Gloria, veio um sorriso e um ar de ansiedade. Afinal, era a primeira vez que o garoto, filho único de Gloria, iria conhecer 'o trabalho da mamãe', um mito para ele, uma vez que é para ir para lá que às vezes ela tem de sair de casa e deixá-lo choramingando.

Na sexta-feira, Matheus pulou da cama antes da mãe. Ainda em casa, ganhou um kit com um pirulito gigante e uma camiseta da empresa, igual à da mãe – ação estrategicamente pensada pela Redecard. No escritório mais surpresa. 'Havia um lanche esperando por ele junto com lápis de cor, figurinhas e vários outros mimos', conta a mãe. Foi um dia de conhecer os amigos da mãe, usar o computador dela, brincar com filhos dos amigos de Gloria, se esbaldar em um bufê infantil no período da tarde.

E depois daquele dia? 'Nunca mais ele chorou quando vou ao trabalho. Antes, muitas vezes ele não entendia por que tinha de deixá-lo. No dia da visita, ele era sempre o primeiro da fila das atividades. Todo presentinho que ganhava, botava em uma mochila. Ficou cheia de docinhos e com um ar de importante', lembra Gloria. Dentre as atividades recreativas, ele aprendeu a fazer um porta-retrato para a mãe. 'Ele fez de mosaico e me deu. Coloquei a foto dele na minha mesa, no porta-retrato, e lembro todos os dias'.

'Ações como essa, batizada de *Hoje eu vou trabalhar com você*, não são consideradas despesas. A empresa aposta nesse e em tantos outros programas como um investimento', garante Irélio Frigo, vice-presidente de Recursos Humanos da Redecard. 'Acreditamos que as pessoas felizes produzem mais. Por isso, a proximidade com a família, o estímulo à saúde mental, física, emocional, intelectual são estimulados e planejados em programa.' Frigo citou, por exemplo, que a empresa promove aulas internas com uma artística plástica para os funcionários, bem como exercícios físicos e ginástica laboral. (...)"

A Redecard acredita que "pessoas felizes produzem mais" e, por meio de ações como a citada, demonstra focar o indivíduo. O que ganha a Redecard com essa atitude? Todos sabemos: funcionários mais felizes e mais comprometidos com a empresa.

PAUSA PARA REFLEXÃO 3

Exposição interrogada: a arte da interrogação

Augusto Cury*

Todo estresse é negativo? Não! O estresse só é negativo quanto é intenso, bloqueia a inteligência e gera sintomas. Há um tipo de estresse positivo que abre as janelas da memória e nos estimula a superar obstáculos e resolver dúvidas. Sem esse estresse, nossos sonhos se diluem, nossa motivação se esfacela. A educação produz o estresse negativo ou positivo? Freqüentemente negativo! Por quê? Devido à transmissão do conhecimento frio, pronto e sem sabor.

Essa transmissão cria um ambiente sem desafios, aventura e inspiração intelectual. **Educar é provocar a inteligência, é a arte dos desafios.** Se um professor não conseguir provocar a inteligência dos alunos durante sua exposição, ele não os educou. O que é mais importante na educação: a dúvida ou a resposta? Muitos pensam que é a resposta. Mas a resposta é uma das maiores armadilhas intelectuais. Quem determina o tamanho da resposta é o tamanho da dúvida. A dúvida nos provoca muito mais do que a resposta.

A dúvida é o princípio da sabedoria em filosofia (Durant, 1996). Quanto mais um cientista, um executivo e um profissional duvidam de

---

CURY, Augusto. *Pais brilhantes, professores fascinantes*. Rio de Janeiro: Sextante, 2003. Observação do autor: quando da redação deste livro, *Pais brilhantes, professores fascinantes* estava há 101 semanas entre os 10 livros mais vendidos em seu segmento. Um estrondoso e merecido sucesso! (Fonte: revista *Veja*) suas verdades, questionam o mundo ao seu redor, mais eles expandem o mundo das idéias e brilham. Os professores deveriam instigar a mente dos alunos e provocar-lhes a dúvida. Como? Realizando a exposição interrogada a cada momento. Ao falar sobre o átomo, o professor deveria interrogar: "Quem nos garante que o átomo existe?", "Como podemos afirmar que ele é formado de prótons, nêutrons e elétrons?". Os professores de matemática, de línguas e de história deveriam aprender a **questionar** criativamente o conhecimento que expõem. As palavras "Por quê?", "Como?", "Onde?", "Qual o fundamento disso?" devem fazer parte de sua rotina.

A exposição interrogada gera a dúvida, a dúvida gera o estresse positivo, e esse estresse abre as janelas da inteligência. Assim formamos pensadores, e não repetidores de informações. A exposição interrogada conquista primeiro o território da emoção, depois o palco da lógica e, em terceiro lugar, o solo da memória. Os alunos ficam supermotivados, se tornam questionadores, e não uma massa de pessoas manipuladas pela mídia e pelo sistema.

A exposição interrogada transforma a informação em conhecimento, e o conhecimento, em experiência. ***O melhor professor não é o mais eloqüente, mas o que mais instiga e estimula a inteligência.***

Capítulo 9

Atitudes da empresa da nova natureza dos significados empresariais em relação ao seu pessoal

Relembremos a terceira natureza dos significados empresariais: empresa é a fonte criadora de riquezas e novas tecnologias; instituição responsável social e comunitariamente, geradora de atitudes pró-ativas de valorização do indivíduo.

Para que fique clara a diferença entre as três naturezas no aspecto de valorização do pessoal, voltemos à época do surgimento da Ford, no início do século XX, quando a primeira natureza ditava a seguinte ordem: empresa é a fonte criadora de riquezas e novas tecnologias. Naquela época, o trabalho era quase escravo. A empresa só olhava para o mercado consumidor e para o seu próprio umbigo. Se a empresa tivesse que demitir 200 funcionários, assim era feito, sem pensar nas conseqüências sociais das demissões. Caso os sindicatos de classe não fossem fundados, essa situação perduraria por muitos anos.

Na vigência da segunda natureza dos significados empresarias (empresa é a fonte criadora de riquezas e novas tecnologias; instituição responsável social e comunitariamente), a valorização do pessoal iniciou, não com a abrangência da terceira natureza, mas o discurso tornou-se mais adequado. Empresas conscientes passaram a agir com maior responsabilidade social e comunitária. Um exemplo: há alguns anos, a Volkswagen do

Brasil precisou demitir 3.000 funcionários. Houve retração no mercado automobilístico e não havia ocupação para esse número de colaboradores. Num gesto solidário – o qual não foi bem entendido pela mídia –, a Volkswagen criou um grupo de trabalho e um sistema para dar todas as garantias possíveis aos futuros demitidos. Esses seriam preparados para ocupar vagas em outras empresas. Enquanto o novo emprego em nova empresa não surgia, haveria por tempo determinado treinamentos gratuitos, pagamentos de salários (sem estarem trabalhando!). Enfim, foi uma das idealizações mais perfeitas para o bem-estar do funcionário desempregado. Óbvio que não obstante todos esses esforços, nem todos os empregados conseguiriam colocação no mercado, mas isso não era problema da Volkswagen. Se o funcionário, com todo esse esforço de preparação prévia, não conseguisse emprego, o problema passava a ser dele. A Volkswagen podia "lavar suas mãos". Tinha feito sua parte.

De "coletividade" para "individualidade"

Na vigência da terceira natureza dos significados empresariais a mudança é radical. Nessa nova natureza, o funcionário é visto como indivíduo, isto é, 3.000 funcionários são 3.000 pessoas, com família, com filhos e com necessidades próprias. Cada um dos funcionários merece amplo respeito e a devida valorização, desde que ele, lógico, faça por merecer, por sua integridade e comprometimento com a empresa.

Peter Drucker, entrevistado pela *Harvard Business Review*, reforçou a importância de enxergar individualmente as pessoas que se relacionam com você na empresa. Disse o mestre Drucker:

> "Você precisa não só conhecer suas competências, mas também as forças dos homens e mulheres a quem entrega atribuições, bem como aquelas dos seus pares e do seu chefe. Muitos gerentes ainda se guiam por médias. Eles ainda falam a respeito dos 'nossos engenheiros'. E eu digo: 'Rapaz, você não tem engenheiros. Você tem João, Maria, Jaime e Beto, e cada um deles é diferente'. Não se pode mais gerenciar uma força de trabalho; você gerencia indivíduos e precisa conhecê-los bem (...)"

Um exemplo de atuação de empresa com esta terceira natureza (ainda são poucas): há alguns anos, na cidade de Sorocaba, no estado de São Paulo, a Aster Produtos Médicos precisou demitir 30 funcionários. Era uma pequena empresa, com apenas 100 funcionários e, como houve retração no mercado, não havia mais espaço para esses 30 colaboradores. Mas – que ótimo – seus líderes já eram do, ainda seleto, grupo da terceira natureza. (Lembra-se? Empresa geradora de atitudes pró-ativas de valorização do indivíduo.) Qual foi a atitude dos líderes? Fizeram mais do que a Volkswagen. Demitiram os 30 funcionários e, com isso, tornaram a empresa enxuta e lucrativa com 70 funcionários; mas – aqui está a diferença – abriram uma nova empresa com um novo foco de mercado e contrataram os 30 funcionários demitidos. O interessante é que essa nova empresa não surgiu para aproveitar uma oportunidade de mercado. Na realidade, o mercado era restritivo. Essa nova empresa surgiu, principalmente, para gerar empregos aos 30 demitidos. O que ocorreu com esse procedimento? Os 70 funcionários da primeira empresa motivaram-se pela decisão dos líderes, sentiram-se seguros, perceberam a possibilidade de confiar em seus líderes, pois seus colegas foram demitidos, mas uma nova empresa foi aberta principalmente para abrigá-los; igualmente, os 30 funcionários da recém-criada empresa também se motivaram, sentiram-se valorizados, e a confiança em seus líderes se estabeleceu. Conclusão: passados alguns anos, as duas empresas quadruplicaram o número de funcionários e conquistaram expressiva penetração no mercado nacional.

Os "disparates" da nova empresa

As empresas em sintonia com a terceira natureza dos significados empresariais, na qual o foco é o homem, às vezes cometem "disparates" que outras empresas não compreendem. Por exemplo, a empresa moveleira Zanzini, do interior do estado de São Paulo, custeia cursos diversos aos seus funcionários (até aqui não há novidade), mas o disparate é que essa empresa chega a custear cursos de enfermagem!!!

Sendo o foco da empresa a fabricação de móveis, como pode a Zanzini investir em cursos de enfermagem?

Um dos responsáveis pela empresa explicou em palestra (com outras palavras, mas com este sentido): "O que nos interessa é o bem-estar do funcionário. Sei que ao formar-se em enfermagem vou perdê-lo. Mas pude contribuir com o seu projeto de vida".

A Zanzini valoriza o indivíduo.

Óbvio que os cursos de enfermagem são exceção, uma vez que a maioria participa de cursos relacionados ao foco da empresa. No entanto, essas exceções possibilitam aos funcionários enxergar a empresa de forma muito especial. As exceções, como as da Zanzini, reforçam que, além da "regra geral" que especifica os tipos de cursos tradicionalmente custeados pela empresa, existe a "regra transcendental", o que faz a empresa respirar, viver e prosperar. Na Zanzini, a regra transcendental é: "Respeitamos o funcionário como ser humano". Lá, os funcionários são respeitados de forma individual e confiam em seus líderes, cujos atos, não somente as palavras, mostram a amplitude desse respeito. Como natural conseqüência, a Zanzini está entre as empresas com melhor ambiente interno do país e, naturalmente, entre as mais rentáveis do seu segmento.

Pelos exemplos anteriores, é fato que a empresa em sintonia com a terceira natureza dos significados empresarias tem funcionários comprometidos e confiantes em seus líderes. E a confiança é a mola mestra do desenvolvimento de qualquer empresa.

CORTES RADICAIS DO PESSOAL

Cortes radicais do pessoal não são bem-vindos nessa nova fase das empresas. Aliás, o mal que os cortes radicais causam às empresas não é novidade: pesquisa da consultoria Monitor, de Massachusetts, concluiu que 9 entre 10 empresas, num período de 10 anos, melhoraram seu desempenho, tendo como característica a manutenção de estruturas estáveis, apenas com a reorganização, sem cortes radicais do pessoal.

Às vezes, para atingir o perfil de empresa enxuta, os dirigentes executam cortes radicais do seu pessoal. E, conseqüentemente, destroem o seu ambiente interno. Com cortes radicais, a empresa ganha em expressiva diminuição do valor da folha de pagamento e, em contrapartida, perde, destruindo a automotivação e o comprometimento dos seus funcionários. Os liderados deixam de confiar nos seus líderes. E a ausência da confiança é a morte das empresas.

Outro ponto importante: as empresas precisam quebrar o paradigma de que manter funcionários contratados por longos anos é algo improdutivo. Lemos na revista *Exame*, de 28 de abril de 2004, o comentário do especialista em contratar talentos Frederico Eigenheeer: "O modismo preconizando que não se deveria ficar mais do que dois ou três anos em uma mesma corporação implodiu junto com a bolha da Internet. Nesse processo, muito talento foi desperdiçado e várias carreiras ficaram comprometidas". Na realidade, para muitas empresas, esse paradigma é difícil de ser quebrado, porque se constata em boa parte delas que funcionários antigos, muitas vezes, tendem a se acomodar e, de fato, tornarem-se improdutivos. Entram em sua zona de conforto e não mais produzem ou inovam como antes. Diante dessa realidade, as empresas demitem esses funcionários antigos e, em contrapartida, criam, nos novos funcionários e também nos antigos ainda contratados, a destrutiva visão de *temporariedade* do seu emprego. Existe, óbvio, o líder que diz: "É bom que o funcionário saiba que o seu cargo não é vitalício, pois isto fará com que ele não se acomode". E esse executivo pode estar coberto de razão (atenção), se sua empresa ainda não se enquadrar na nova natureza dos significados empresariais, pois se vivenciar essa nova fase, o trabalho propicia ao funcionário significado à vida. E alguém que encontra significado em suas atividades trabalha com prazer e, naturalmente, é mais produtivo.

Não é incomum as pessoas antigas na empresa acomodarem-se, o que pode ocasionar uma queda substancial em sua produtividade. Sem ser regra geral, há um especial motivo para essa acomodação: o sistema de relacionamento humano e profissional adotado pela empresa.

Charles Handy, considerado por muitos o "Peter Drucker europeu", disse que "as organizações são freqüentemente prisões para a alma humana". Ele deixará de ter razão quando as empresas atuarem em conformidade com a nova natureza dos significados empresariais (foco no indivíduo). Conclusão: se pensarmos no número de empresas no mundo, demora para Charles Handy deixar de ter razão. Feliz da empresa pioneira.

Na mesma edição da revista *Exame*, há o interessante depoimento do Diretor Geral de RH da Siemens, Emilio Greco: "Empresas com visão de longo prazo criam mecanismos para atrair, reter e desenvolver talentos". Percebemos que um especialista fala sobre a importância de "reter" talentos, mas, infelizmente, por muitos anos tem se vendido a idéia de que o bom funcionário é quem fica poucos anos numa empresa. Essa pseudoverdade criou executivos relâmpagos, entusiasmados sem causa, "donos da verdade", com belos currículos, mas fracos em execução. Pois, para fazer acontecer, é necessário saber "trabalhar" o pessoal. E isso eles não aprenderam. Na nova natureza das crises empresariais, este conceito de que bom funcionário é quem fica pouco tempo na empresa sofrerá uma mudança radical: o bom funcionário será quem, por causa do seu comprometimento, se aposentará na empresa depois de muitos anos de trabalho. Nesse sentido, o local de trabalho ajudará o funcionário a encontrar um significado à vida, algo fundamental e necessário. Assim, empresas que adotam cortes radicais não serão celeiros de bons profissionais, pois essas não terão funcionários planejando se aposentar nelas. Ou seja, não haverá comprometimento desses.

Ah! Por falar em comprometimento, se todos nunca se esquecessem de que as três coisas mais importantes para o homem são afeto, segurança e sentido! Reforçam essa tese as palavras do eminente psicólogo Paulo Gaudêncio, em entrevista à revista *Você S/A*, de outubro de 2002:

> "Não tenho dúvida de que o cimento das instituições é a afetividade entre os funcionários. É isso que faz a empresa crescer. Há cinco fatores que compõem a felicidade no papel profissional. Dois dependem da afetividade: o bom ambiente na equipe e o reconhecimento. Os outros são ter desafios, sentir-se útil e fazer o que gosta. (...) É mentira essa história de que na empresa os indivíduos são profissionais e em casa são pessoas. Não dá para dizer para os funcionários: no trabalho você só pensa, lá fora você sente. Você pensa, sente e vive dentro da empresa. É por isso que a produtividade cai quando o ambiente não é bom."

Fusões empresariais

Como o assunto é "cortes radicais", lembro ao leitor que as fusões de empresas são pródigas em adotar esse procedimento.

Para uma melhor reflexão sobre esse tema, outro paradigma precisa ser quebrado: o de que, neste novo mundo corporativo, fusões empresariais são imprescindíveis. Na realidade, a única coisa imprescindível numa empresa é ter uma "cultura interna" altamente estimulante, fruto da convivência afetiva, dinâmica e comprometida com os propósitos empresariais. Se a fusão entre empresas destrói essa boa cultura interna, é melhor que ela não ocorra. E o que mais se vê, em fusões e megafusões, são *culturas* construídas ao longo de décadas em apenas poucos meses serem destroçadas, impiedosamente destruídas. E, sem boa cultura interna, não há milagre que gere a tão necessária sinergia entre empresas fundidas.

Gary Hamel, no seu já citado livro *Liderando a revolução*, comenta: "Quando em 1991 a AT&T adquiriu a NCR, o CEO da AT&T declarou: 'Estou absolutamente confiante em que a AT&T e a NCR juntas atingirão níveis de crescimento e sucesso que jamais alcançariam isoladamente. Nosso futuro se caracterizará pelo cumprimento de promessas'. Eis o que o CEO da AT&T afirmou em 1995, por ocasião da cisão das empresas: 'A complexidade do gerenciamento desses diferentes negócios começaram a sobrepujar as vantagens de integração. *O mundo mudou. Os mercados mudaram*' ". O que parecia ser um grande sucesso foi um retumbante fracasso.

Há algum tempo, ouvi uma palestra de um especialista em indústrias automobilísticas, na qual ele mostrava um panorama brilhante para as indústrias automobilísticas brasileiras, desde que elas se reduzissem a cinco empresas!

E, na época da palestra, havia em nosso país em torno de 20 indústrias automobilísticas! Sob esse aspecto, poderíamos até dizer que as fusões são imprescindíveis como elemento facilitador se – e somente se – a cultura interna das empresas for preservada e até melhorada. Então, continua valendo o que eu disse: "Imprescindível é que a empresa tenha uma cultura interna altamente estimulante", pois, se uma das empresas automobilísticas tem como meta criar uma cultura interna altamente estimulante, em que cada funcionário encontre uma "causa" no trabalho e um "significado" para a vida, essa empresa não precisará pensar em fusão. Naturalmente, ela começará um processo de expansão de mercado. A sinergia interna aumentará de forma significativa.

Mas não há como contestar que a fusão, se bem planejada e executada, pode ser elemento facilitador de conquista e ampliação do mercado, desde que – reforço – preserve a cultura de cada uma das empresas envolvidas e até as melhore, o que é muito difícil, mas possível.

Sobre o assunto fusão de empresas, não podemos esquecer que a cultura complexa absorve a cultura mais simples ou mais primitiva, o que, no processo de integração social, é um dos princípios da sociologia. Um exemplo da validade desse princípio é o fato de hoje falarmos a língua portuguesa. Explicando melhor: não obstante os povos indígenas da época do descobrimento do nosso país fossem muito mais numerosos do que os colonizadores, estes trouxeram ao nosso rincão uma cultura mais complexa, a qual prevaleceu. Mas no que isso se relaciona com o assunto fusão de empresas? Acontece que a sinergia propagada pelos defensores da fusão como feliz conseqüência dessa tende a não ocorrer. Acontece é que o gato engole o rato. Se o "gato" tiver melhor cultura do que o "rato", ótimo. Mas, e se for o contrário? Portanto, circunstancialmente, a fusão pode ser um ótimo negócio, caso a cultura interna da empresa preponderante (com maior capital, por exemplo) seja melhor do que a cultura da empresa anexada. Nesse caso, a empresa anexada só tem a ganhar. E a empresa maior mantém sua cultura.

Se duas ou mais empresas fundirem-se e não ocorrer uma boa combinação como no exemplo do parágrafo anterior, então, a fusão será uma confusão.

Em meados da primeira década deste novo milênio, duas empresas aéreas brasileiras, Varig e TAM, viveram um processo de associação de interesses comuns, digamos. Sem fusão e sem a perda das culturas internas das empresas, as quais se tornaram parceiras para poder operacionalizar melhor os seus vôos internos. Esse procedimento gerou considerável retorno financeiro, haja vista que todos os vôos enquadrados nessa parceria começaram a sair com melhor lotação do que antes. Em casos semelhantes a esse, talvez a parceria seja algo melhor do que a fusão, pois nenhuma empresa perde sua identidade cultural.

O exemplo apresentado é mais comum do que podemos imaginar. Segundo pesquisa da Fundação Dom Cabral*, 350 das 500 maiores empresas do Brasil (isso mesmo, 350, ou 70%!) "afirmaram desenvolver alianças estratégicas com outras companhias" e, pasme, "na metade dos casos com concorrentes". É um exemplo claro do "vasto *playground*", previsto por William Greider (relatado no primeiro capítulo deste livro): empresas em cooperação para sobreviverem e crescerem.

---

* Fonte: Revista *Exame*, edição número 809.

IMAGINAÇÃO EM AÇÃO

Há tempos, quando ainda não havia a proliferação de computadores como hoje, ao adquirir um computador IBM, esse produto era completamente produzido pela própria empresa, que fabricava todos os seus componentes, além de montar o computador. Hoje, na fabricação de um PC, várias empresas estão envolvidas: a Microsoft cria o sistema operacional; a Intel fabrica os chips; diversas empresas fabricam os equipamentos periféricos; e a IBM ou a HP ou outra empresa qualquer realiza a montagem, gerando uma economia de escala fenomenal. Dessa forma, cada empresa fabrica somente o que faz de melhor. Se isso funciona, por que não estender – de forma mais abrangente – às indústrias em geral? Por exemplo, imagine se três gigantes mundiais da indústria automobilística, numa operação complexa, mas viável, se associassem. Imagine se dessem as mãos e colocassem como *prioridade* melhorar a cultura interna, criando um ambiente onde cada funcionário fosse visto como um indivíduo merecedor de respeito e valorização. Imaginemos que as três indústrias fabricassem automóveis, caminhões e tratores. No campo da imaginação, a indústria "A", que fabrica os três produtos, começaria a fabricar *apenas automóveis*. A indústria "B", na mesma situação, começaria a fabricar *apenas caminhões*; e a indústria "C", também fabricante dos três produtos, começaria a fabricar *apenas tratores*. Dessa forma, as três empresas aproveitam o melhor da tecnologia de cada uma. Como resultado, teríamos grande economia de escala, melhor produtividade, menor custo de produção, melhor qualidade e menor preço ao consumidor final. Algo impossível de ocorrer? Sim, se as grandes empresas automobilísticas brasileiras optarem por não valorizar a sinergia da união e da humildade.

Como a forma de agir desse exemplo melhoraria substancialmente a produtividade, teríamos como conseqüência natural desemprego em massa, o ponto nefasto dessa associação imaginada. Além disso, os funcionários remanescentes perderiam a motivação no trabalho, pois pensariam: "Assim como meus colegas foram demitidos, eu também poderei ser demitido no futuro". Então, para que esse mal não ocorra e a cultura interna melhore ainda mais, essas três empresas teriam a oportunidade de aplicar o conceito da *nova empresa* do terceiro milênio, conforme sugestão exposta no capítulo 19, denominada "a melhor alternativa" e, assim, não haveria demissão dos funcionários excedentes; melhor, haveria transferência desses para uma outra instituição.

Enfim, a nova empresa do século XXI seria tão produtiva quanto possível, o que a deixaria ainda mais enxuta, causando desemprego. Mas essa nova empresa encontraria uma solução (espere o capítulo 19 para ver essa sugestão). Desemprego em massa nunca mais: a perda é do funcionário e da empresa com esse procedimento.

Adeus boa cultura interna para a empresa que ainda adota o procedimento de cortes radicais sem oferecer alternativas aos demitidos.

Capítulo 10

Atitudes da empresa da nova natureza dos significados empresariais em relação aos fornecedores

No início deste milênio, uma das maiores redes de supermercado do país tinha o fornecedor como inimigo. Via-se em espaços vazios nas prateleiras de suas lojas cartazes, nos quais, de forma ostensiva e desrespeitosa, era passado ao fornecedor o ônus da ausência daquele produto. Essa rede de supermercado agia como as empresas focadas apenas em si mesmas, isto é, que ainda vivem sob o manto da primeira natureza dos significados empresariais (empresa: fonte criadora de riquezas e novas tecnologias). Na primeira natureza, o fornecedor é visto como uma entidade com a obrigação de entender o problema da empresa, mas o contrário não ocorre, isto é, a empresa não é obrigada a compreender os problemas do fornecedor.

Caso semelhante ocorreu em uma grande empresa que visitei certa vez, onde, na porta do Departamento de Compras, havia um cartaz com a seguinte mensagem: "É proibida a entrada de fornecedor que tenha aumentado sua tabela de preços".

Vivemos numa época em que cortar custos é primordial para a sobrevivência e o crescimento das empresas. Não vamos nos iludir julgando que resolver essa questão é fácil. No entanto, procedimentos como os citados tendem a desaguar em relacionamentos conflituosos altamente destrutivos. A empresa compradora ganha por um tempo, mas perde a médio e longo prazo.

As empresas exemplificadas encaram o fornecedor quase como um inimigo. Os funcionários da área de suprimentos e compras de empresas com essa filosofia sofrem uma pressão desumana.

Na nova natureza dos significados empresariais (empresa: fonte criadora de riquezas e novas tecnologias; instituição responsável social e comunitariamente, geradora de atitudes pró-ativas de valorização do indivíduo), o fornecedor é visto como um parceiro. As empresas compradora e a fornecedora fazem reuniões periódicas para que em seu relacionamento não haja perdas: não perde a empresa compradora, nem a empresa fornecedora, nem o funcionário de compras, nem o consumidor final. Esse novo tipo de relacionamento exige uma excepcional qualidade no relacionamento entre empresas.

Atuando de acordo com essa nova postura, a empresa compradora e a empresa fornecedora podem criar um departamento comum, denominado *departamento de solução integrada*. Os integrantes desse departamento conhecerão seus processos de produção para que – juntos – possam achar uma forma de diminuir custos, sem afetar o lucro. É um processo trabalhoso, mas é a única forma de eliminar a pressão desumana, ao mesmo tempo que proporciona bons resultados para ambas as empresas e para todas as pessoas envolvidas no processo. No novo mundo corporativo, empresa e fornecedores terão que "andar de mãos dadas".

O livro *Administração da produção e operações*, de Lee Kratewski, traz a informação de que a empresa norte-americana Bose Corporation concebeu e implantou, com grande sucesso, o *Just*

In Time II. Esse sistema hoje também é adotado por empresas como AT&T, Honeywell, Westinghouse, entre outras. Diz o livro: "Em um sistema JIT II, o fornecedor é trazido para dentro da fábrica para ser um membro ativo do departamento de compras do cliente. Um representante da fábrica permanece em tempo integral nas instalações produtivas por conta do fornecedor e está autorizado a planejar e a programar as compras de materiais supridos pelo fornecedor". Em texto complementar, o livro relata as grandes vantagens para ambas as empresas.

Em síntese, na nova ordem que se avizinha, não será mais possível uma empresa prosperar sob o cadáver de suas co-irmãs, seus fornecedores.

Capítulo 11

Atitudes da empresa da nova natureza dos significados empresariais em relação aos clientes

Pesquisas internacionais comprovam que uma empresa perde, anualmente, entre 20% e 40% de seus clientes.*

Numa análise financeira, a perda de clientes significa:

a) Ausência de vendas que até então eram certas.

b) Desperdício do valor investido para conquistar os clientes hoje perdidos.

c) Investimentos extras para conquista de novos clientes, que simplesmente substituirão os perdidos.

A situação é tão grave que, parece-me, toda empresa deveria ter um *Departamento de Fidelização do Cliente*, o qual, aliás, teria como função principal fazer com que todos os departamentos da empresa trabalhassem de forma sistêmica, para que os setores em geral tenham o mesmo objetivo: servir bem o cliente.

Ter clientes fiéis é a maneira mais inteligente e racional de a empresa se alinhar com os desafios de um mercado altamente competitivo. E não é segredo para ninguém que *clientes fiéis* é a outra denominação de *clientes satisfeitos*. A Cisco Systems, nos Estados Unidos, distribui prêmios aos seus vendedores, não pelo resultado das vendas, mas pela satisfação dos

* Fonte: Revista *HSM-Management*, outubro/2001, pág. 57.

clientes. Essa empresa também se auto-avalia não pelas conquistas obtidas sobre os concorrentes, mas pela qualidade do relacionamento com os clientes. Conclusão: os clientes são valorizados, vistos como indivíduos e, como conseqüência, a empresa vende mais!

Para conseguirmos fidelização, o cliente precisa necessariamente ser encarado como "indivíduo" e não como "indivíduo que faz parte de uma massa populacional". O bom relacionamento *individual* com o cliente é o *mote* da nova empresa.

Nessa visão pró-ativa de vendas, três palavras definem nosso procedimento adequado: *interesse*, *obrigação* e *oportunidade*. Isto é, toda boa empresa tem *interesse* em ter o cliente como comprador dos seus produtos, ao mesmo tempo que tem a *obrigação* de conseguir esse intento por meio de política adequada de relacionamento, preocupando-se inclusive com procedimentos de pós-venda e sistema de atendimento às reclamações. Mas, para que a empresa tenha *alma* (um dos atributos da empresa moderna), é preciso enxergar todas as atitudes relacionadas com o cliente como a fundamental *oportunidade de servir*, isto é, a oportunidade de ser útil ao indivíduo-cliente. O cliente precisa sentir-se *servido*.

Analisemos qual a visão que a empresa tem do cliente em cada uma das três naturezas dos significados empresariais:

INTERESSE

Na época que imperava a primeira natureza (atenção, ainda existem empresas sob aquela perspectiva), o interesse era ter o cliente como comprador dos seus produtos. Para conseguir esse intento, não havia, por exemplo, política de pós-venda e sistema de atendimento às reclamações.

OBRIGAÇÃO

Na segunda natureza, a visão continua sendo de interesse em ter o cliente como comprador dos seus produtos, mas há uma *obrigação* com uma política adequada de relacionamento, preocupada inclusive com procedimentos de pós-venda e sistema de atendimento às reclamações.

OPORTUNIDADE

Na terceira natureza, a postura é de *interesse* em ter o cliente como comprador dos seus produtos, há, ainda, a *obrigação* de conseguir esse intento por meio de política adequada de relacionamento, preocupada com procedimentos de pós-venda e sistema de atendimento às reclamações, e, em todos esses atos, está a *oportunidade* de servir e de ser útil ao indivíduo-cliente.

Podemos acrescentar que, na empresa moderna, o cliente deixa de ser visto apenas como quem nos faz ganhar dinheiro, mas também como o colaborador de nosso desenvolvimento profissional e pessoal, pois:

– Para vendermos ao cliente, precisamos *aprender* técnicas de comunicação eficazes.

– Para sabermos como conviver com aquele cliente altamente exigente e mal-educado que nos leva ao limite da intolerância, precisamos *aprender* técnicas de controle emocional e de melhora da auto-estima, pois assim não seremos afetados pelo seu mau humor.

– Para termos clientes fiéis, precisamos *aprender* técnicas de relacionamento interpessoal.

Enfim, o cliente nos oportuniza o crescimento e nos ensina a *aprender*. Essa é a nova visão de cliente, que, além de nos fazer ganhar mais dinheiro, permite-nos desenvolver como pessoas. Qual é o cliente que não quer se relacionar bem com uma boa pessoa?

Mudando um pouco o foco, mas sem sairmos do tema desse artigo, um fato real:

Certa vez, em uma visita a uma agência bancária, percebi uma fila enorme de pessoas sendo atendidas por apenas dois caixas. Eu estava conversando com o gerente, quando vi uma das pessoas sair da fila e reclamar a ele: "Estou há quarenta minutos nesta fila; vocês deveriam colocar mais caixas". O gerente, que provavelmente estava estressado, respondeu rispidamente: "Esta agência só tem dois caixas". Pela aspereza que o gerente colocou em suas palavras, o coitado do cliente nem retrucou; voltou quietinho ao seu lugar.

Então, o gerente justificou comigo: "Só em época de pagamento de salários temos esta fila. Nos demais dias não há fila alguma; não faz sentido investirmos em mais funcionários somente por causa de um dia". Nesse aspecto, a instituição financeira que proceder assim está longe da exigência da nova natureza dos significados empresariais.

Nessa nova fase do mundo corporativo (lembre-se: a locomotiva já está em movimento), a agência bancária tem de investir ***sim***, colocando naquele único dia do mês mais funcionários, ou arrumando outra alternativa, pois se é preciso manter o lucro, elemento necessário, numa época de maior concorrência – que virá –, é primordial atender *bem* cada indivíduo ali presente, não tratando os clientes como uma massa de indivíduos. Richard Kovacevich, CEO do Wells Fargo Bank, disse, de forma objetiva, concisa e verdadeira: "Serviços bancários são essenciais, bancos não são". Cada vez mais, os bancos têm de se portar como "lojas" que oferecem serviços de qualidade ao cliente.

Mas, no exemplo dado, investindo na contratação de mais funcionários, o lucro do banco diminuirá? Não é verdade. A instituição que mais respeitar seu cliente como indivíduo terá mais clientes e, como conseqüência, mais lucro. E se eventualmente diminuir um pouco o lucro por essa nova atitude, o banco desse novo mundo corporativo não se importará, pois, para ele, ***o valor*** está no indivíduo.

Não mais ganhar dinheiro atendendo bem uma massa, mas atender bem cada um e, conseqüentemente, ganhar dinheiro.

Atender bem o indivíduo é a causa, ter lucro é a conseqüência. Esse é o novo paradigma.

A seguir, alguns exemplos de procedimentos de individualização do cliente:

I - Do livro *Inteligência emocional na empresa*, de Cooper e Sawaf: "A rede de hotéis Ritz-Carlton, uma das poucas detentoras do Prêmio de Qualidade Malcolm Baldrige, no setor de prestação de serviços, promove intensamente a confiança como o núcleo de sua cultura organizacional. Cada funcionário do Ritz-Carlton, inclusive os mensageiros juniores, pode gastar até US$ 2.000 de uma vez para resolver o problema de um hóspede. Sem perguntas".

II - A partir de 2004, em todos vôos na Europa em que houve atraso, os passageiros receberam até 600 euros de indenização.

III - No Hotel Holiday Inn, do Aeroporto de Atlanta, nos Estados Unidos, os clientes usam os cartões de crédito como chaves do quarto, e, automaticamente, despesas de hospedagem, consumo e serviços são debitados no cartão, eliminando o contato com a recepção para fins financeiros, o que significa real ganho de tempo para o cliente.

IV - Do livro *Liderando a revolução*, de Gary Hamel: "Um executivo sênior de uma empresa de assistência médica americana descreveu nos seguintes termos a atual situação da experiência dos usuários de assistência médica nos Estados Unidos: 'Os encarcerados em presídios e os pacientes em hospitais têm muito em comum. Ambos estão sujeitos a um excesso de perguntas, encontram-se despojados de suas roupas e pertences habituais, são submetidos a relacionamentos de subserviência e dependência e recebem visitas apenas em horários predeterminados' ". O Adventist Health System, um dos maiores grupos de hospitais associados a igrejas nos Estados Unidos, busca meios de transformar essa triste situação. Para tanto, analisou cada estágio da experiência do paciente e identificou oportunidades de revolucionar a prestação de serviços. Alguns exemplos: em vez de responder reiteradamente às mesmas perguntas, os pacientes receberão um "registro de saúde portátil", com informações armazenadas na web, que os acompanhará nas sucessivas experiências clínicas. Outra inovação é a eliminação do horário de visita. Os membros da família terão o privilégio de visitar 24 horas por dia, mesmo na sala de emergências. Embora criando alguns inconvenientes para o *staff*, a idéia reduziu enormemente as despesas com litígios nos hospitais em que foi implantada. Quando algo dá errado, é menos provável que os familiares apontem culpados entre provedores de assistência médica anônimos se estiverem presentes e constatarem que médicos e paramédicos fizeram o possível pelo paciente.

V - A Multibrás Eletrodomésticos lançou em 2004 a geladeira "Brastemp You". O diferencial dessa geladeira é que o cliente a individualiza de acordo com seu desejo e necessidade. O consumidor só precisa acessar o site da empresa e "montar" sua geladeira, escolhendo cor, acessórios e compartimentos. As opções possíveis chegam ao impressionante número de 19.000 modelos diferentes! Por enxergarem o consumidor como um indivíduo, e não como uma massa composta de indivíduos, as vendas surpreenderam todas as projeções do departamento de *marketing*.

VI - O Umpaqua, um banco americano pouco expressivo com sede em Oregon, está roubando clientes de gigantes do setor financeiro dos Estados Unidos, como o Bank of América, e sendo copiado por instituições tradicionais, como o Washington Mutual. Isso ocorre desde 1995, quando o Umpaqua criou um novo tipo de agência bancária, sem jeito de instituição financeira e com serviços extras, como acesso à Internet. A estratégia deu certo, e, há pouco mais de um ano, o banco inaugurou uma nova versão dessa agência, bem mais ambiciosa.

O local parece o *lobby* de um hotel de luxo. Há, inclusive, recepcionistas treinados pelo Ritz-Carlton para atender os clientes. A agência também oferece salas de reunião, *laptops* com acesso à Internet, televisores de tela plana e cafeteria*.

VII - É domingo e um cliente entra em uma das unidades da Fogo de Chão, churrascaria gaúcha com filiais em São Paulo e nos Estados Unidos. Ele é recebido por uma bem vestida recepcionista que o encaminha à mesa. Um séquito de garçons faz de tudo para agradá-lo. Da consistência do molho da salada ao ponto certo da carne, da sobremesa ao cafezinho – todo tipo de detalhe será perguntado para que tudo saia exatamente ao gosto do cliente. Na hora da saída, o manobrista traz o carro em poucos minutos, enquanto o gerente se desdobra em paparicos. Para se sentir a pessoa mais importante do mundo naqueles momentos, o cliente paga menos de 60 reais – no cartão de crédito. Individualizando o serviço de atendimento, a Fogo de Chão tem clientes fiéis admirados.**

---

* Texto extraído da revista *Exame*, de 10 de novembro de 2004.
** Idem.

Um casal que comprou um apartamento da construtora paulista Tecnisa é convidado para uma reunião com duas arquitetas. É hora de escolher o padrão de acabamento e decidir eventuais mudanças na planta. Ao chegar, há uma placa personalizada com uma mensagem de boas-vindas. Na reunião, eles tomam sucos, refrigerantes e se servem de pão de queijo e *petit four*. Ao chegar em casa, os compradores encontram um e-mail agradecendo a presença e os felicitando pelas escolhas feitas. Com esse procedimento, a Tecnisa é uma das construtoras mais referenciadas pelos clientes.*

* Idem.

Pausa para reflexão 4

A educação pela natureza

Tagore*

Se esperais que o mundo se apazigúe e que a luz venha habitar o coração dos homens, deixai que as crianças bebam livremente do fluxo da vida e se banhem nas margens da Mãe Natureza. Deixai-as florir sob a carícia do sol. Que elas percorram os prados, se molhem nos riachos e se deitem na relva. Que apreciem as estrelas, antes de saber contá-las, e que olhem como os insetos se movem, antes de dissecá-los. Não as tranqueis nessas caixas de concreto, não as obrigueis à rigidez do corpo e não lhes imponhais fórmulas prontas ao espírito!

Mas nem por isso abandonai-as a elas próprias, distantes do olhar atento de quem as ama. Que esse amor não tema por elas, para não lhes arrancar a autonomia e as experiências vitais; mas que esse amor observe, compreenda e acompanhe; participe do embevecimento divino que toda criança sente, redescobrindo verdadeiramente o mundo a que veio.

Vós mesmos, tão atados às corriqueiras repetições do dia-a-dia, relaxai as correntes da sociedade intrincada em que gozais tantas superficialidades e entregai-vos à contemplação da vida. Ide vós também, descalços, com as crianças, sentir de novo o sabor da terra molhada e a aura etérea do vento...

---

* INCONTRI, Dora. *A educação segundo o espiritismo*. São Paulo: Commenius, 2003.

Só a partir dessa ligação visceral com a natureza, podeis falar em qualquer forma de Educação. Se esperas que algumas crianças se tornem artistas, se para isso vieram, como não deixá-las expandir-se intimamente com o Deus poeta, que entreteceu o poema da vida; com o Deus músico, que inventou a melodia dos bosques e com o Deus pintor, que semeou luzes e cores em todo o universo?

Se crerdes que renascerão cientistas entre vós, como não permitir que eles se debrucem desde cedo no livro da Natureza, para saber interpretar as leis da matéria e do espírito?

Se contardes com futuros reformadores da sociedade humana, como não os fazer se embeber na harmonia do cosmos?

E se vislumbrais diferentes líderes da religião e da espiritualidade, haverá melhor templo que o da Natureza, que não estreita a concepção de Deus em dogmas e sistemas e não acabrunha a reverência religiosa entre as paredes de uma igreja?

Aboli definitivamente tantas clausuras, tantas torturas, tantas imposições ao espírito sedento, vibrante, criativo da criança! Deixai que elas se expandam, se espantem, se entusiasmem, se lancem à vida com a energia que muitos de vós procurais em vão, desiludidos pela sociedade que vos massacra, pela civilização de concreto que vos enregela!

Não precisais com isso renegar as conquistas, que já acumulastes na bagagem da História! Mas porque pisastes na Lua e porque sondais os espaços, maior deve ser vossa integração com o universo. E porque manipulais computadores, maior deve ser vossa reverência diante da chama do espírito, infinita potencialidade se projetando para as estrelas!

Jamais atingireis a conscientização pretendida das doenças que afetam vosso sistema ecológico, se não trouxerdes de volta a criança para se educar em meio à natureza, pela natureza, com a natureza.

Pois ninguém tomará conta daquilo que não conhece, que não vivencia cotidianamente e de que não pode prescindir numa interação total e mística.

Ultrajais a Deus, quando feris a natureza, e ultrajais a vós mesmos, mas quem vos pode fazer compreender isso se não experimentardes com toda a alma a presença divina em todas as coisas e vossa unidade com o todo?

Voltai ao campo, se quiserdes salvar o planeta e fazei de vossas crianças guardiãs de uma herança que elas desde já possam usufruir e que não lhes seja alheia e separada...

O NOVO LÍDER

"Lá vão eles. Devo segui-los. Sou seu líder."
Benjamin Disraeli

Capítulo 12

Saber bem como contratar novos funcionários: atitude do líder da nova natureza dos significados empresariais

A boa contratação elimina enormes problemas futuros. Jack Welch disse em uma de suas entrevistas: "Em toda a minha vida de executivo eu fiz três coisas: disseminar idéias, alocar recursos e selecionar pessoas".

Vejam que uma das três coisas que Welch fez foi *selecionar* pessoas. Sem dúvida que, exceto alguns casos especiais, não era ele quem diretamente selecionava as pessoas. Com certeza, em cada unidade da G.E. há uma competente equipe para selecionar e contratar pessoas. No entanto, todos esses profissionais sabem da ênfase que o "chefe" dá ao assunto e, por isso, utilizam as ferramentas mais adequadas para bem selecionar.

O lendário ex-presidente da 3M, William McKnight, já dizia há muito tempo: "Contrate bons funcionários e deixe-os em paz" (frase que, por ser importante, você vai ler várias vezes neste livro). Nesta nova natureza dos significados empresarias, a ausência do controle das pessoas é a tônica. O líder, em vez de controlar pessoas, terá seu foco dirigido ao controle dos resultados alcançados pelo seu pessoal. Em outras palavras, contratando bons profissionais, certamente o líder poderá "deixá-los em paz".

Para selecionar e contratar bem, Dee Hock, fundador da Visa International, nos dá uma pista fundamental. Certamente, ele estava iluminado quando se inspirou a escrever:

> "Contrate e promova, primeiro, com base na integridade; segundo, na motivação; terceiro, na capacidade; quarto, na compreensão; quinto, no conhecimento;
> e, por último, na experiência.
> Sem integridade, a motivação é perigosa;
> sem motivação, a capacidade se torna impotente;
> sem capacidade, a compreensão é limitada;
> sem compreensão, o conhecimento perde o sentido;
> sem conhecimento, a experiência é cega.
> É fácil obter experiência e tirar bom proveito dela para as pessoas que possuem outras qualidades."

Capítulo 13

Adotar uma nova linguagem de comunicação: atitude do líder da nova natureza dos significados empresariais

> "Podemos resumir um excelente lugar para se trabalhar como uma empresa em que as pessoas confiam para quem elas trabalham, têm orgulho do que fazem e gostam das pessoas com quem trabalham. (...) Este conceito é o resultado dos mais de 20 anos de observações e estudos realizados pelo Great Place to Work Institute, com mais de 10 mil empresas, em 58 países, totalizando mais de 20 milhões de funcionários." Robert Levering, Fundador do Great Place to Work Institute.

Por muito tempo, imperou nas empresas (e ainda impera na maioria) a linguagem de comunicação de *conversão* e *submissão*. Era (é) a fase do "ele é meu subalterno", em que o líder, ou melhor, o chefe, para compensar sua baixa auto-estima, considerava (considera) seu funcionário alguém inferior a si. E todos nós sabemos que a forma mais evidente de perceber o complexo de "inferioridade" de alguém é quando esse alguém é reconhecido pelo seu complexo de "superioridade".

Ninguém é superior a ninguém. Mas na linguagem de comunicação de *conversão* e *submissão*, o chefe considera-se superior. Óbvio que precisa haver o respeito hierárquico necessário, mas isso não implica ter pessoas superiores e inferiores.

O chefe dos velhos (?) tempos procurava *converter* seus funcionários. Esses tinham que *pensar*, *agir* e *sentir* como o chefe. E, com esse procedimento, o chefe tinha à sua volta pessoas submissas e infelizes, que não conseguiam utilizar plenamente seu grande potencial.

Assim, anseio que não esteja longe o dia em que os hotéis substituirão o indelicado e desrespeitoso "Não perturbe!" por algo semelhante a "Favor higienizar em outro momento". Espero que essa alteração, quando ocorrer, simbolize um novo tempo, isto é, a mudança da "linguagem de comunicação de conversão e submissão" para a (nova) "linguagem de comunicação de conscientização e promoção", que sintetizará a nova ordem empresarial.

Portanto, nossa nova linguagem de comunicação deverá ser de *conscientização* e *promoção*, isto é, compete à empresa que atingiu sua maioridade criar um ambiente interno altamente estimulador, o qual permita ao funcionário conscientizar-se do seu potencial e, sem ser submisso, desenvolver os seus próprios talentos, o que, naturalmente, propiciará sua promoção humana (que não necessariamente precisa ser uma promoção funcional na empresa).

Ainda não aprendemos a incluir o próximo, principalmente o próximo mais pobre e simples, em nosso universo. Por exemplo, achamos absolutamente normal a faxineira do hotel onde nos hospedamos ler todos os dias o "Não perturbe!". Mas será que se, ao procurarmos o presidente de nossa empresa para um conversa, víssemos sobre sua mesa um colorido "Não perturbe!", acharíamos natural? Será que não julgaríamos essa atitude como a de alguém arrogante e desrespeitoso?

Na malfadada "linguagem de comunicação de conversão e submissão" atual, o "Não perturbe" é um retrato fiel de como é vista pela sociedade a importante pessoa que limpa o quarto onde iremos repousar. Consideram-na uma pessoa inferior, subalterna (uma palavrinha feia que na *nova ordem* irá desaparecer). Na *ética* e *humana* empresa da *nova ordem*, teremos "cooperadores", e não "subalternos". Os líderes permancerão, mas o grau de hierarquia será o menor possível.

Nesta nova ordem de gestão de pessoas, teremos a obrigação, e principalmente a oportunidade, de perguntar o nome da senhora que nos serve o cafezinho, e, afetuosamente, dialogarmos. Teremos a oportunidade de aprender com ela.

Na nova ordem, vamos aprender a nos colocar no lugar do próximo. Não vamos mais almejar que os outros pensem e sintam o que nós pensamos e sentimos, mas que se conscientizem do seu próprio potencial e utilizem da melhor forma possível sua maneira única de pensar, sentir e agir. A *alteridade* será a tônica. *Conhecer* e *compreender* a diferença e *aprender* com a diferença, esses serão nossos propósitos. Vamos descobrir como, para nós e para a empresa, é fundamental aceitar o diferente. Mas também seremos conscientes de que aceitar o próximo, com suas diferenças, não necessariamente significa concordar com seus pensamentos, sentimentos e atitudes. Aceitar a pessoa, sempre. Concordar com a pessoa, nem sempre.

O líder eficaz da nova ordem na área de gestão de pessoas será conhecido principalmente por duas qualidades essenciais: ser "bom comunicador" e "especialista em administrar conflitos interpessoais", oriundos da bem-vinda diversidade. Serão pessoas inspiradoras de confiança, por suas palavras e seus atos.

A diversidade, hoje tão comentada, mas ainda não plenamente valorizada, será o fermento da criatividade e da produtividade empresarial. Em vez de selecionarmos grupos de cooperadores com a mesma forma de pensar, valorizaremos o produtivo conflito de opiniões. Você já viu a criatividade aflorar onde todos pensam da mesma forma?

Nesse novo ambiente onde os conflitos produtivos serão a meta, é importante relembrar do ensinamento do grande mestre Peter Drucker que, considerando esses novos tempos, disse: "Ganhar a vida já não é suficiente, o trabalho tem de nos permitir vivê-la também". E, para bem vivermos e convivermos nesse cipoal de conflitos, a solução será sermos *humanos*, no sentido dignificante da palavra.

A empresa moderna, sem perder seu foco de instituição geradora de riquezas, será também uma das melhores escolas para o nosso desenvolvimento pessoal. Refletir, no interior da empresa, sobre a centelha divina que nos habita será um salutar e constante hábito. Não mais trabalharemos apenas focados no lucro pessoal (mera conseqüência do trabalho bem executado), mas pensando no desenvolvimento pessoal, afirmação essa em perfeita sintonia com o ensinamento secular do filósofo John Ruskin: "A maior recompensa de nosso trabalho não é o quanto nos pagam por ele, mas aquilo em que ele nos transforma". A grande lição da nova ordem – "linguagem de comunicação de conscientização e promoção" em vez de "linguagem de conversão e submissão" – é descobrir, conforme a **Introdução** deste livro, que Washington Olivetto mais uma vez acertou quando disse que "Difícil é fazer o simples". E, no caso, o simples, mas difícil, é aprender a nos relacionar de forma afetuosa, pois, só exercitando o afeto, um dos braços do amor, teremos uma empresa humana, produtiva e feliz.

Portanto, sem que o líder perca o necessário pulso firme, qualidade imprescindível ao bom líder, esse deverá aprender a desafiante arte de ter atitudes amorosas, única forma de eliminar de vez o "Não perturbe!", não somente nos hotéis, mas também em nossas empresas.

Lembremo-nos de que ter *atitudes amorosas* nem sempre significa dizer "sim" a quem quer ouvir "sim". A palavra "não" também deve fazer parte do vocabulário de um *líder afetuoso*, mas com *pulso firme*. Talvez a melhor definição de líder eficaz seja a do Sr. Almeida, Diretor-Presidente da Tec-Screen, empresa fabricante da tinta artística Gato Preto: "Líder eficaz é aquele que vivencia e aplica os três 'Ces': Cabeça, Coração e Coragem".

Bom líder é aquele que contrata bons profissionais e não os atrapalha

> "Um excelente líder não é o que controla seus liderados, mas o que os estimula a fazer escolhas. Não é o que faz temer, mas o que faz crer. Não é o que produz pesadelos, mas o que faz sonhar." Augusto Cury

No final de 2004, eu estava para proferir uma palestra motivacional em determinada empresa, quando o líder ali presente solicitou-me alguns minutos para sua conversa introdutória. Gostei do que ouvi na fala ao seu pessoal. Entre os assuntos abordados, um deles nunca esquecerei. Foi quando ele disse aos seus profissionais: "Pessoal, minha principal função aqui na empresa é não atrapalhar vocês. Quando eu estiver atrapalhando, por favor me avisem, para que eu possa me corrigir". O que mais gostei dessa preleção é que o comentário exalava verdade. Foi dito com o coração. Uma mensagem como essa não tem valor algum, isto é, passa a ser vazia e desprovida de sentido, se for simplesmente resultado de um planejado jogo de palavras, sem expressar sentimento real. No caso, o sentimento verdadeiro estava presente.

A atitude descrita é a que *pode* melhor definir o ato de delegar. Eu disse "pode", porque nem sempre o ato de delegar ocorre de maneira correta.

Para melhor entendermos o que significa delegar, utilizemo-nos de um "jogo de palavras": imagine um líder que adequadamente enxerga sua equipe como um *legado*. Isto é, vê seu pessoal como um bem precioso. Então, no caso, de*legar* significa liberar esse *legado* para que os liderados possam agir por conta própria. Aproveitando essa descrição, lembro-me do ensinamento espirituoso e inteligente do psicólogo corporativo Paulo Gaudêncio: "Delegar não significa de*largar*!". Existem líderes que, julgando delegar, *largam* sua equipe. Por exemplo: não demonstram interesse em acompanhar projetos ou programas em andamento; não criticam construtivamente; não se fazem presentes. E, muitas vezes, nem elogiam os acertos.

É certo que para delegar adequadamente é preciso perder o hábito de *controlar* a equipe. Mas *largá-la*? Jamais!

O bom líder dos novos tempos é aquele que, além de saber formar equipes, tem como meta primordial não atrapalhá-las. O líder que, *focando em resultados*, delega adequadamente e não atrapalha seus liderados merece o nome de líder.

O antigo hábito de querer controlar pessoas mostrou-se ideal para atrapalhar o trabalho e, com isso, criar péssimo ambiente organizacional. O líder de antigamente *controlava pessoas*. O líder de hoje *controla processos* e incentiva a liberdade e a autonomia da equipe. Com esse procedimento, estimula a existência de melhor ambiente interno, o que – pesquisas comprovam – melhora a rentabilidade das empresas.

A regra número 1 para o líder de hoje é:

Contrate bons profissionais;
Treine-os;
Deixe claro o que espera deles;
Demonstre interesse pelo sucesso de todos;
E... não os atrapalhe!

A "MARCA" DO LÍDER!

Para falar sobre outra imprescindível qualidade do bom líder, volto ao tempo em que a Tostines lançou um biscoito com o nome Tostitas. A propaganda de lançamento dizia: "*Tostitas, o biscoito que não é doce nem salgado*". Foi um fracasso total de vendas. Como o consumidor vai comprar algo que não sabe qual é o sabor? Portanto, não seja um líder "Tostitas"! Líder que não é doce nem salgado não é líder.

Todo líder necessita ter sua "marca", ou, melhor dizendo, sua "boa marca", que nada mais é do que sua característica *positiva* mais evidente. Por exemplo, um líder fissurado pela qualidade do produto ou do serviço tem liderados que assim o definem: "Uma das coisas de que ele não abre mão é a qualidade do serviço"; a líder exigente no cumprimento de prazos tem liderados que assim a definem: "Ela é um anjo, mas fica uma arara quando o prazo combinado não é cumprido"; o líder mais humano tem liderados que assim o definem: "Ele é exigente, mas acima de tudo nos vê como seres humanos".

Caro líder, qual é a sua "marca"? Se não a tem, procure desenvolvê-la e, por meio da ação, torná-la evidente.

DEIXE SEUS LIDERADOS "INCOMODADOS"!

Dizer que cabe ao bom líder não atrapalhar o seu pessoal não significa afirmar a possibilidade do líder isentar-se da sua função de *motivador* e de ser quem *aponta caminhos*. Com espírito aglutinador e pulso firme, o bom líder inspira seu pessoal a dar o melhor de si. Entendamos o que significa pulso firme: antes de mais nada, não é desrespeitar o liderado, não é ser mal-educado, não é esmurrar a mesa; significa utilizar-se de palavra firme e certa no momento certo.

A ação do pulso firme pode até gerar algum desconforto ao liderado, mas é preciso que saibamos que conforto é a pior coisa que podemos proporcionar no ambiente corporativo. Ambiente estimulante e prazeroso, sim, mas confortável, não! Ouvi certa vez de um diretor corporativo: "Quero que o meu pessoal sinta-se incomodado". Faz sentido esse pensamento. Pois, como faz parte da natureza humana a tendência de deitarmos na rede da zona de conforto, cabe ao líder gerar – com pulso firme – o necessário desconforto, sem ser mal-educado e sem prejudicar o ambiente interno. Lembremo-nos sempre de fazer nossos liderados sentirem-se incomodados, o que não pode significar deixá-los infelizes.

A revista *HSM Management*, de maio/junho de 2006, traz interessante texto da consultora Betania Tanure, professora da renomada Fundação Dom Cabral:

> "Pesquisas recentes, ainda não publicadas em sua totalidade – uma que desenvolvemos eu e Roberto Duarte, em parceria com a Wharton School, da University of Pennsylvania, e outra com meu colega Paul Evans, do Inseac –, ampliam os achados do trabalho que fiz com Sumantra Ghoshal, da London Business School. Mostram que os líderes transformadores, em suas ações, efetivamente geram algum grau de sofrimento e desconforto. Afinal, despertam as pessoas para a realidade, pedem respostas a problemas antes ignorados, às vezes tomam medidas impopulares. Ao mesmo tempo, mostram-se dispostos a orientar e cooperar. Inspiram confiança e geram o sentimento de justiça. São pessoas que abandonaram o paternalismo protetor, típico da cultura gerencial brasileira, mas que agem com respeito pelos colaboradores, estimulando talentos e maximizando competências. Esses líderes são capazes de identificar fracassos sem disseminar o abatimento. Têm visão clara de seus objetivos e desafiam as pessoas que decidem seguir na mesma direção."

O "NOVO" LÍDER!

De forma sucinta, transcrevo a seguir outras importantes qualidades do bom líder, comparando-o com o líder de antigamente (ainda existem muitos!).

O líder de antigamente gerava lucros para a empresa. O líder de hoje gera lucros com *responsabilidade social.*

O líder de antigamente ia à frente. O líder de hoje vai atrás apoiando e estimulando.

O líder de antigamente dava as respostas. O líder de hoje faz as perguntas.

O líder de antigamente por si só fazia acontecer. O líder de hoje forma equipes para que essas façam acontecer.

O líder de antigamente muito se destacava. O líder de hoje estimula sua equipe a se destacar, pelos resultados obtidos.

O líder de antigamente tinha *subalternos*. O líder de hoje tem *colaboradores*.

O líder de antigamente procurava *converter* seus liderados, forçando-os a pensarem e agirem como ele. O líder de hoje *conscientiza* seus colaboradores a terem sua própria personalidade, com suas maneiras únicas e particulares de pensar e agir.

O líder de antigamente liderava pela *imposição*. O líder de hoje, sem deixar de ter pulso firme, lidera com integridade, camaradagem, afeto e companheirismo.

Liderar hoje é formar *equipes*. Liderar hoje é estimular e motivar os integrantes das equipes. Liderar hoje é treinar as *equipes*. Liderar hoje é incentivar as equipes a elaborarem estratégias e projetos. Liderar hoje é fazer com que a equipe conquiste autonomia.

Ser bom líder é sinônimo de ser bom formador de equipes.

Disraeli com uma única frase define bem o bom líder: “Lá vão eles. Devo segui-los. Sou seu líder”.

LIDERAR OU GERENCIAR?

Liderar ou gerenciar? Do que mais necessitam as empresas desta nova era, de líderes ou de gerentes?

Antes de refletirmos sobre as questões acima, lembremos que tradicionalmente:

- *Líder* aponta a direção aos seus liderados, determina estratégias e, motivando seu pessoal, faz acontecer;
- *Gerente* aponta a direção aos seus liderados, transforma estratégias em processos e, motivando seu pessoal, faz acontecer.

Em palavras mais diretas, enquanto o líder aponta o caminho, cabe ao gerente percorrer esse caminho, com a cooperação dos seus liderados. O líder é o estrategista. O gerente é o executor, administra os processos.

Até as últimas décadas do século passado, a empresa de sucesso precisava de poucos líderes e de muitos gerentes. Naquela época, os gerentes não tinham grandes preocupações no comando dos seus liderados, pois, pelo fato de os processos internos sofrerem lentas mudanças – bem ao contrário da época atual –, bastava ao gerente estabelecer os procedimentos para controlar as pessoas responsáveis por aqueles processos. Veja bem: o gerente, mais do que controlar os processos, controlava as pessoas responsáveis por esses. E o interessante é que as pessoas, mesmo que constrangidas, aceitavam esse controle do gerente.

De repente, o mundo corporativo das últimas décadas mudou. As mudanças, em ritmo acelerado, tornaram-se a regra, e, como conseqüência, os processos passaram a mudar continuamente, principalmente pela inspiração do conceito *Qualidade Total*, fruto natural do mercado consumidor mais exigente na qualidade, na inovação, na praticidade e no custo do produto ou do serviço prestado pela empresa. A necessidade de melhoria contínua passou a ser a tônica. Diga-se de passagem, melhoria contínua em *ritmo acelerado*, para poder ficar à frente da concorrência. Conseqüentemente, o gerente precisou aproximar-se mais dos seus liderados, pois, se antes determinada forma de proceder durava décadas, de repente, passou a durar anos, meses e, algumas vezes, semanas. O gerente precisou sair do seu gabinete. Precisou aproximar-se mais das pessoas para que houvesse maior sinergia interna, consoante com a velocidade da mudança.

A experiência desse contato mais próximo e mais constante do gerente com o liderado deixou claro que a era de controlar pessoas havia ficado no passado. Por algum motivo, que merece estudo dos sociólogos e psicólogos, os liderados deixaram de aceitar a liderança *imposta* (ou liderança *não conquistada*). Não aceitavam mais ser *controlados*. As pessoas passaram a enxergar o trabalho como um meio de realização pessoal e não apenas de sustentação financeira. Como conseqüência desse panorama diferente, veio a grande descoberta do mundo corporativo desse novo século, a qual responde às questões iniciais deste texto: hoje, as empresas precisam do profissional híbrido, isto é, do líder-gerente ou do gerente-líder. Aquele que sabe ao mesmo tempo administrar o processo e tratar (liderar) as pessoas. Não mais controlar pessoas, mas controlar os processos. Hoje não importa mais se a denominação é líder, gerente, supervisor, coordenador, encarregado ou qualquer outra; se *você trata com pessoas*, sua postura precisa ser de um líder.

Enfim, as denominações "gerente" e "líder" fundiram-se. Essa tese é reforçada pelas palavras do especialista em liderança John P. Kotter, professor da Universidade de Harvard, em *Liderança e gestão de pessoas*:

> "Precisamos de um número maior de pessoas capazes de mudar os sistemas para melhor, capazes de oferecer produtos e serviços melhores, produtos e serviços diferentes, produtos e serviços mais baratos, a fim de poder sobreviver e prosperar. Esse processo de mudanças exige liderança; por essa razão, à medida que a economia do mundo passa a ser globalizada e a ter impacto nas organizações em todas as partes do mundo, o ritmo da mudança acelera-se e precisamos de mais pessoas com capacidade de liderar. Depois de passarmos um século nos concentrando basicamente na arte de administrar, estamos encontrando dificuldades para fazer o ajuste necessário, isto é, ensinar às pessoas como administrar e também como liderar. Isso vale para as escolas de administração e para as empresas localizadas em qualquer ponto do globo terrestre."

Caro leitor, quando você conseguir dos seus liderados que cada um se autogerencie e seja líder de si mesmo, então você poderá dizer: "Sou um bom líder".

CAPÍTULO 14

Proferir palestras humanas e motivadoras: atitude do líder da nova natureza dos significados empresariais

"Mais do que nunca, os executivos sabem que são incapazes de impor o comprometimento, pois a geração que agora ingressa na força de trabalho tem mais aversão à autoridade do que em qualquer outro tempo da história." Gary Hamel

Uma qualidade imprescindível ao líder dessa nova fase é ser bom comunicador. Aliás, Gerry Roche, o maior *headhunter* do mundo, reforça essa tese. Em entrevista à revista *Exame* de 27 de junho de 2001, Roche disse que os executivos de sucesso têm principalmente duas características: grande capacidade de relacionamento e boa comunicação. Portanto, o líder do novo milênio precisa passar do estágio de "falador" para o estágio de "comunicador". Para conseguir esse intento, além de aplicar as técnicas retóricas, o líder deverá proferir periodicamente palestras ou dissertações, não somente com os necessários temas comerciais ou operacionais, mas também com os importantes temas humanos. E, quando palestrar sobre os temas humanos, deverá colocar o coração na boca.

No livro *O desafio da liderança* (observação: um dos melhores livros que já li sobre liderança), seus autores, Kouses e Posner, relatam os resultados de uma das mais sérias e abrangentes pesquisas de todos os tempos. Diversas equipes em quatro continentes, durante 11 anos, pesquisaram 11.000 líderes e 50.000 liderados. Uma das conclusões desta pesquisa: "Por não empregarem os corações das pessoas, as empresas perdem um retorno precioso do investimento que fazem".

O novo líder deverá ser admirado por sua integridade, sua humildade, sua determinação e, principalmente, pelo seu coração grandioso. E suas palavras, nas palestras, deverão ser frutos do seu exemplo.

O novo líder não pode ser apenas um homem que visa alcançar lucros, os quais, sabemos, são essenciais. O novo líder, sem perder o seu foco de homem de negócios, precisa ter principalmente o objetivo de colaborar na formação de um novo homem, assim como deverá saber que, para o contínuo sucesso da empresa, o amor é a melhor estratégia. E suas palavras, nas palestras, deverão ser fruto de sua vivência.

Percebe-se pelas palavras acima que o líder dos novos tempos tem um grande desafio: seu objetivo de vida precisa estar configurado no que se denomina ser "uma mulher ou um homem de bem". Naturalmente, o novo líder precisa estar consciente de que não se exigirá dele a perfeição humana, mesmo porque essa é inatingível no atual estágio terreno; mas é importante que a comunidade à sua volta, composta pelos seus liderados, perceba o seu contínuo esforço para ser um homem de bem e uma pessoa moralmente bem estruturada e preocupada com o bem-estar do próximo. O novo líder respira *integridade*.

O novo líder deverá saber que a comunicação eficaz une razão e emoção. Utilizar-se de técnicas retóricas é importante para estabelecer uma seqüência ideal, transformando a fala em comunicação, mas fundamental é falar com o coração, deixando nas linhas e nas entrelinhas o principal objetivo da empresa: ter funcionários satisfeitos, que encontrem significado no trabalho e na vida.

Existem líderes que já descobriram a melhor forma de a empresa ganhar dinheiro: ter em seu corpo colaborativo funcionários felizes.

As palestras do novo líder precisam ser altamente motivadoras e devem fugir, definitivamente, dos sermões. Sermão é o tipo de palestra mais adotado pelos pseudolíderes. Sermão é desabafo, não é comunicação.

Para sentir-se estimulado a fugir definitivamente de proferir sermões, veja comentário do publicitário Roberto Menna Barreto, em seu livro *Criatividade no trabalho e na vida*:

> "Certa vez, em 1993, eu tinha encerrado um seminário de dois dias para a Philips, em Embu, São Paulo, no 'Rancho Silvestre'. Como fiquei no hotel até o dia seguinte, e como dei por falta de minha caneta, fui procurá-la de manhã na sala que ocupara, sucedendo, então, ficar ouvindo o seminário que estava sendo realizado na sala ao lado (para outra empresa que, obviamente, não direi qual é). Um diretor falava à sua equipe, com veemência, mais ou menos nesses termos:
>
> 'Pessoal! Os tempos estão muito difíceis! A concorrência está cada vez mais acirrada! Por isso temos que ter agora muita garra! Muita motivação! Muita CRIATIVIDADE! Eu estou pronto a fazer a minha parte, as portas da minha sala estão sempre abertas para vocês. Mas é preciso que vocês também correspondam, sejam mais motivados, mais criativos!'. E por aí seguia...
>
> Bem – pensei comigo – esse afinal é o meu produto. E todas

aquelas frases são **formalmente** corretas. Mas será que é assim que se consegue isso – Motivação? Criatividade? Por meio de exortações, que, todas juntas, não passam de um sermão? Sermão que contém, de forma muito nítida, uma ameaça?
Assim fiquei lendo um jornal por perto, esperando o *coffee break* do pessoal, para ver quem iria sair daquela sala. E quem saiu daquela sala era exatamente quem eu esperava que saísse: duas dezenas de funcionários muito sérios, levemente assustados, contraídos, conversando em voz baixa enquanto bebiam seu suco de laranja; e o tal orador (na certa, um Chefão), os olhos brilhando, sorridente, 'dinâmico', exsudando triunfo! Na verdade, aquilo que ele pensava ter sido uma preleção motivadora, não passara de um discurso terrorista! E sua empresa estava pagando um bom dinheiro para alijar um pouco mais suas equipes do que se entende por Motivação e Criatividade."

Outra observação: não seja prolixo em sua palestra. O bom senso, aliado ao esquema retórico e à correta distribuição do tempo das partes de uma palestra, evita um dos grandes perigos cometidos por um palestrante: a empolgação excessiva. Palestrantes, ao perceberem que o público se empolgou, cometem o trágico erro de empolgarem-se excessivamente e desrespeitarem elementares conceitos do esquema retórico e do correto uso do tempo. Aí vem o desastre! Mark Twain ilustra bem esse fato:

"Alguns anos atrás, estava assistindo a um ofício religioso quando um missionário veio fazer a prédica do dia. Desatou a falar sobre a caridade com tal brilho, que a todos comoveu. Não fugi ao sentimento geral e já tinha na mão 400 dólares que me preparava para colocar na bandeja de arrecadação. Via notas superiores em outras mãos. Pois bem, atingindo o clímax, o orador não soube parar e continuou falando, falando. O calor ia ficando mais forte, e o sono ia se apoderando dos ouvintes. Meu entusiasmo foi descendo, descendo, descendo até 100 dólares. O homem continuou a falar e meu entusiasmo e meus dólares continuaram a descer. Finalmente, quando a bandeja passou por mim, roubei dela 10 centavos..."

Pausa para reflexão 5

Declaração de bens

Hélio Fraga*

O pai moderno, muitas vezes perplexo e angustiado, passa a vida inteira correndo como um louco em busca do futuro e esquecendo do agora. Nessa luta, renuncia ao presente. Com prazer e orgulho, a cada ano, preenche sua declaração de bens para o Imposto de Renda. Cada nova linha acrescida foi produto de muito trabalho. Lotes, casas, apartamentos, sítio, casa de praia, automóvel do ano – tudo isso custou dias, semanas, meses de luta, mas ele está sedimentando o futuro de sua família. Se partir de repente, já cumpriu sua missão e não vai deixá-la desamparada.

Para ir escrevendo cada vez mais linhas na sua relação de bens, ele não se contenta com um emprego só – é preciso ter dois ou três; vender parte das férias, levar serviço para casa. É um tal de viajar, almoçar fora, fazer reuniões, preencher a agenda – afinal, ele, um executivo dinâmico, não pode fraquejar.

Esse homem se esquece de que a verdadeira declaração de bens, o valor que efetivamente conta, está em outra página do formulário do Imposto de Renda – naquelas modestas linhas, quase escondidas, onde se lê: relação de dependentes. São os filhos que colocou no mundo, a quem deve dedicar o melhor do seu tempo.

---

* FRAGA, Hélio. *A família, último lugar?*. 3 ed. São Paulo: Paulinas, 1987.

Os filhos, novos demais, não estão interessados em propriedades e no aumento da renda. Eles só querem um pai para conviver, dialogar, brincar. Os anos passam, os meninos crescem, e o pai nem percebe, porque se entregou de tal forma à construção do futuro, que não participou de suas pequenas alegrias; não os levou e os buscou no colégio; nunca foi a uma festa infantil; não teve tempo para assistir à coroação de sua filha como Rainha da Primavera. Um executivo não deve desviar sua atenção para essas bobagens. São coisas para desocupados.

Há filhos órfãos de pais vivos, porque estão "entregues" – o pai, para um lado; a mãe para o outro, e a família desintegrada, sem amor, sem diálogo, sem convivência. É esta convivência que solidifica a fraternidade entre irmãos, abre caminho no coração, elimina problemas e resolve as coisas na base do entendimento.

Há irmãos crescendo como verdadeiros estranhos porque correm de um lado para o outro o dia inteiro – ginástica, natação, judô, balé, aula de música, curso de inglês, terapia, lição de piano, etc. – e só se encontram de passagem em casa, um chegando, o outro saindo. Não vivem juntos, não saem juntos, não conversam – e para ver os pais, quase é preciso marcar hora.

Depois de uma dramática experiência pessoal e familiar vivida, a mensagem que tenho para dar – e que tem sido repetida exaustivamente em paróquias, encontros familiares, movimentos e entidades – é: **não há tempo melhor aplicado do que aquele destinado aos filhos.**

Dos 18 anos de casado, passei 15 absorvido por muitas tarefas, envolvido em várias ocupações e totalmente entregue a um objetivo único e prioritário: construir o futuro para três filhos e minha mulher. Isso me custou longos afastamentos de casa: viagens, estágios, cursos, plantões no jornal, madrugadas no estúdio de televisão... Uma vida sempre agitada, atarefada, tormentosa e apaixonante na dedicação à profissão – que foi, na verdade, mais importante do que minha família.

E agora, aqui estou eu, de mãos cheias e de coração aberto, diante de todos vocês, que me conhecem muito bem. Aqui está o resultado de tanto esforço: construí o futuro, penosamente, e não sei o que fazer com ele, depois da perda de Luiz Otávio.

De que valem casa, carros, sala, lote, e tudo o mais que foi possível juntar nesses anos todos de esforço, se ele não está mais aqui para aproveitar isso com a gente?

Se o resultado de 30 anos de trabalho fosse consumido agora por um incêndio e, desses bens todos, não restasse nada mais do que cinzas, isso não teria a menor importância; não ia provocar o menor abalo em nossa vida, porque a escala de valores mudou e o dinheiro passou a ter peso mínimo e relativo em tudo.

Se o dinheiro não foi capaz de comprar a cura e a saúde de um filho amado, para que serve ele? Para que ser escravo dele?

Eu trocaria – explodindo de felicidade – todas as linhas da declaração de bens por uma única que tive de retirar do outro lado da folha: o nome do meu filho na relação de dependentes. E como me doeu retirar essas linhas na declaração de 1983, ano base 1982.

Capítulo 15

Saber ouvir: atitude do líder da nova natureza dos significados empresariais

Deming, o papa da *Qualidade Total*, disse que o aflorar da criatividade é mais prejudicado pelo fato de o funcionário sentir-se parte de uma equipe assustada, de uma equipe com medo de dar idéias ao líder, pois sabe que naturalmente serão rechaçadas. O bom líder deve saber trabalhar a natural resistência às idéias e aos fatos novos. Antes de dizer "não vai dar certo" ou "já fizemos isto antes e não funcionou", ouça. Ouça, ouça e ouça.

Incentive a pessoa a falar. Pergunte detalhes. Valorize a idéia do próximo. McKnight, o já citado ex-presidente da 3M, deixou-nos algumas lições: "Ouça qualquer pessoa que tenha uma idéia original, não importa quão absurda possa parecer à primeira vista. Motive, não fique preocupado com detalhes. Deixe que as pessoas desenvolvam uma idéia".

Algumas boas dicas, passadas pela educadora Joanna de Ângelis, para aprendermos a ser bons ouvintes:

a) Não interrompa o interlocutor passando informações várias, talvez desinteressantes para ele.
b) Não aparente saber tudo, estar por dentro de todos os acontecimentos.
c) Não lhe tome a palavra, fazendo a conclusão, em vez de deixá-lo concluir à sua maneira.

d) Seja gentil, fazendo com que sua cordialidade o deixe à vontade.
e) Deixe que sua cordialidade o ponha à vontade para descarregar tensão, sofrimento.
f) No momento oportuno, fale com naturalidade, sem a falsa postura de intocável ou sem-problema.
g) Procure ressaltar algo positivo e interessante da idéia ouvida; agradeça-lhe a idéia. Se tiver de fazer críticas, utilize a docilidade e o bom senso.

Aprendendo a ser bom ouvinte, o líder terá uma visão mais real do que está à sua volta. O líder que muito fala e pouco ouve mais expõe o seu universo e sua verdade do que aprende com o universo e a verdade das pessoas com quem convive.

CAPÍTULO 16

Desenvolver em si o "lado feminino": atitude do líder da nova natureza dos significados empresariais

Pode-se dizer que o perfil ideal do líder do novo milênio é conseguir evidenciar em si o lado feminino existente em todos.

Já foi dito neste livro que o amor é a melhor estratégia empresarial. Há alma humana melhor para exemplificar o amor do que a mulher, portadora do germe de mulher-mãe, mesmo que ainda não tenha alcançado – ou não venha a alcançar – esse mister?

A lei do progresso não poderia mais postergar a vinda da mulher às empresas. A mulher com seu potencial materno, algo dado somente a ela, pela natureza, tem em seu íntimo a valorização do amor e da mais pura e efetiva educação. E sabemos que o par "educação e amor" é o casal perfeito desta nova fase do mundo moderno.

Pena que, quando promovida na empresa, a mulher tende a incorporar os defeitos masculinos, esquecendo-se de que a promoção foi motivada principalmente pelas suas qualidades femininas. Querem ser homens. Que pena! Mas como a vida é uma eterna escola, com o tempo as mulheres líderes aprenderão a ser quem são e, então, mais e mais o seu potencial vai desabrochar.

E nós homens, como ficamos?

Temos que aprender com as mulheres, transformando-nos em seres mais amorosos, honestos e íntegros. Nós, homens, temos, em potencial, essas qualidades naturalmente desabrochadas nas mulheres. Basta nosso esforço para tornar natural em nós o que ainda não é. Como no íntimo de todo ser humano há um mar de qualidades a ser explorado, façamos nossa parte: exploremo-nos!

O perfil da mulher é o estilo de liderança mais adequado para este novo milênio, e disso não há dúvida, como também não há de que homem e mulher se complementam, conforme este belo e altamente educativo texto de Victor Hugo, poeta e romancista francês do século XIX:

> *"O homem e a mulher*
>
> O homem é a mais elevada das criaturas. A mulher é o mais sublime dos ideais.
>
> Deus fez para o homem um trono; para a mulher, um altar.
>
> O trono exalta; o altar santifica.
>
> O homem é o cérebro; a mulher, o coração. O cérebro produz luz; o coração, amor. A luz fecunda; o amor ressuscita.
>
> O homem é o gênio; a mulher, o anjo. O gênio é imensurável; o anjo, indefinível.
>
> A aspiração do homem é a suprema glória; a aspiração da mulher, a virtude extrema. A glória traduz grandeza; a virtude traduz divindade.
>
> O homem tem supremacia; a mulher, a preferência. A supremacia representa a força; a preferência, o direito.
>
> O homem é forte pela razão; a mulher é invencível pela lágrima. A razão convence; a lágrima comove.
>
> O homem é capaz de todos os heroísmos; a mulher, de todos os martírios. O heroísmo enobrece; o martírio sublima.

O homem é o código; a mulher, o evangelho. O código corrige, o evangelho aperfeiçoa.
O homem é um templo; a mulher um sacrário. Ante o templo, descobrimo-nos; ante o sacrário, ajoelhamo-nos.
O homem pensa; a mulher sonha. Pensar é ter cérebro; sonhar é ter na fronte uma auréola.
O homem é um oceano; a mulher, um lago. O oceano tem a pérola que o embeleza, o lago tem a poesia que o deslumbra.
O homem é a águia que voa; a mulher, o rouxinol que canta. Voar é dominar o espaço; cantar é conquistar a alma.
O homem tem um farol: a consciência; a mulher tem uma estrela: a esperança. O farol guia, a esperança salva.
Enfim, o homem está colocado onde termina a Terra; a mulher, onde começa o Céu."

Esse poema direcionador de Victor Hugo traz no final a síntese da complementaridade homem & mulher: "... o homem está colocado onde termina a Terra; a mulher, onde começa o Céu".

Capítulo 17

Treinar seu pessoal: atitude do líder da nova natureza dos significados empresariais

Conforme já disse em um dos capítulos anteriores, considero Peter Drucker um consultor empresarial iluminado. O seu poder de antever tendências é algo espantoso. Por exemplo, hoje já é lugar-comum as pesquisas comprovarem que: "Empresas que cumprem com sua responsabilidade social têm melhor clima organizacional e, como conseqüência, seu pessoal é mais comprometido"; "Funcionário que exerce trabalho voluntário é mais produtivo"; "O melhor ativo da empresa é o seu pessoal".

Reforçando o que mencionei em um dos capítulos anteriores, essas verdades, hoje rotineiras, foram visualizadas e divulgadas por Peter Drucker há mais de 40 anos!

Talvez num pensamento apressado, poderíamos deduzir que Peter Drucker anteviu o óbvio. Se assim pensarmos, cometemos um tremendo engano e uma injustiça com o mestre consultor. O que hoje é óbvio não o era há 10, 15, 20 anos. A capacidade de antever o óbvio é faculdade apenas das mentes iluminadas, que os gênios possuem (contudo, com esforço, podemos desenvolvê-la, uma vez que dentro de cada um de nós há um gênio latente). Por isso, admiro Peter Drucker, que, em suma, foi o grande especialista em enxergar o presente numa perspectiva que a maioria de nós não consegue (mas pode conseguir); daí a sua alcunha de visionário.

A "ÚLTIMA" DE PETER DRUCKER

E qual foi a última de Peter Drucker? Qual sua nova antevisão?

Na realidade, em relação ao tema deste texto, "a última" de Peter Drucker é bem velha: *tem mais de 30 anos!*

Assim ocorre com todas as descobertas de Drucker: passam anos, às vezes décadas, para as empresas colocarem em ação as verdades por ele visualizadas, as quais o tempo comprova incontestáveis.

Antes de comentarmos "a última" de Peter Drucker, pergunto: você percebe, caro leitor, como muitos empresários ou executivos reclamam do terrível ambiente interno das suas empresas? Reclamam dos conflitos mal administrados, dos melindres que imperam, da competição não saudável (há também a competição saudável), da indisciplina, da falta de comprometimento, do autoritarismo existente, das reuniões improdutivas, da falta de diálogo, da ausência de visão compartilhada, da não aplicação de *feedback*, etc.

Com certeza absoluta, as empresas com esse clima terrível não investiram em treinamentos comportamentais ou, se investiram, fizeram-no de forma equivocada (veremos mais adiante o que é investir em treinamento de forma equivocada).

Mas por que fatos ruins ocorrem nas empresas que não investem em treinamento ou investem de forma equivocada?

Muita atenção. Eis a "última" de Peter Drucker. Ele responde à pergunta: "As únicas coisas que evoluem sozinhas em uma organização são a desordem, o atrito e o desempenho ruim".

Em outras palavras, se a empresa deixar seu pessoal abandonado, se a empresa não treinar bem seus funcionários, as fatídicas conseqüências serão: desordem, atrito e desempenho ruim.

Por que isso acontece? Bem, o que Peter Drucker previu – talvez por brilhante intuição – tem explicação científica. Herdamos dos nossos ancestrais, lá da época dos homens das cavernas, o denominado condicionamento negativo. Isto é, se o chefe fala: "Olhe, preciso falar com você em minha sala hoje às duas horas da tarde!", dificilmente o funcionário vai pensar: "Chegou minha promoção!". A tendência será imaginar o pior. Daí, atrito, desordem e desempenho ruim serem as conseqüências naturais num ambiente sem rumo, sem um líder com espírito motivador.

Os autores Robert Cooper e Ayman Sawaf explicam, no livro *Inteligência emocional nas empresas*, que "(...) nosso cérebro foi preparado, ao longo da evolução, para amplificar pressuposições negativas e minimizar as positivas". Esse condicionamento negativo está presente no Sistema de Ativação Reticular (SAR) do nosso cérebro.

Conforme está em meu livro *Viver bem é simples, nós é que complicamos*, "esses condicionamentos negativos foram úteis em épocas longínquas, ajudando a nos defender de nossos predadores. Quando o inimigo se aproximava, já imaginávamos o pior e, assim, criávamos situações de defesa para nos safarmos de um final infeliz. Hoje os condicionamentos negativos deixaram de ser úteis e necessários; muito pelo contrário, nos prejudicam".

Alguns exemplos de como o condicionamento negativo, ou o fato de amplificarmos as pressuposições negativas e minimizarmos as positivas, prejudica o clima organizacional da empresa:

Exemplo 1:
A empresa, valorizando o lado social, inicia um processo de benefícios aos funcionários na área da saúde.
A tendência do funcionário, sob a ação do condicionamento negativo, é pensar: "O que eles estão querendo com isto? O que vão exigir em troca?".

Exemplo 2:
O líder de bom caráter expõe seu idealismo com freqüência e procura agir de forma bem comunicativa, para o bem da empresa e do seu pessoal.
A tendência do funcionário, sob a ação do condicionamento negativo, é pensar: "Ele é um político que, com sua fala mansa, quer nos enganar. Faz tudo pela empresa e nada por nós".

Poderia citar dezenas de exemplos, mas com certeza o leitor já se lembrou de vários.

A SOLUÇÃO PARA EXTIRPAR O CONDICIONAMENTO NEGATIVO

Quando a empresa investe, de forma correta, em treinamentos na área comportamental, a tendência natural é o condicionamento negativo não encontrar espaço para manifestar-se na maioria dos funcionários, uma vez que bons treinamentos geram melhor clima organizacional, o qual, por sua vez, ajuda a confiança mútua a imperar. E é a confiança a base sólida da boa convivência. É a confiança, o ingrediente ideal para o aflorar das boas relações e do crescimento da produtividade.

Se a empresa não investe em treinamentos comportamentais, deixa a dinâmica agir por si mesma. As conseqüências serão, como já foi dito, desordem, atrito e desempenho ruim.

Existem empresas que há décadas investem em treinamentos na área técnica, mas pouco ou quase nada investem na área comportamental. Estão sofrendo. Com certeza.

Atualmente, a atitude comportamental suplanta, em importância, o conhecimento técnico.

Hoje é comum ouvir de executivos algo como disse Virgílio Freire, ex-presidente da Vésper: "Prefiro alguém mediano, mas que saiba trabalhar em equipe, a ter um caçador solitário". Manchete de capa da revista *Você S/A.*, de maio de 2000, capitaliza o erro em investir apenas em treinamentos técnicos: "Diplomas e competência não bastam: 87% das empresas demitem por problemas de conduta".

De forma definitiva, pesquisa já citada feita pelo Laboratório Bell corrobora como, mais do que importante, é fundamental o treinamento e desenvolvimento na área comportamental: "Os indivíduos mais produtivos não são os mais inteligentes, nem mesmo os de currículo mais brilhante, mas, sim, os que exibem maior capacidade de relacionamento e administração de conflitos e capacidade de enfrentar situações novas e de crise".

POR QUE ANTES AS EMPRESAS NÃO INVESTIAM EM TREINAMENTO COMPORTAMENTAL E, DE REPENTE, ESSE PROCEDIMENTO TORNOU-SE UMA NECESSIDADE GERAL?!

É verdade que, como regra geral, antes as empresas não investiam em treinamento comportamental. No entanto, como exceção, algumas poucas empresas, há décadas, já fazem isso. Um exemplo: a G. E. Enquanto no passado as empresas em geral se preocupavam em aumentar seu parque industrial, na G. E., Jack Welch investia milhões de dólares para construir um dos maiores Centros de Treinamentos do mundo. Objetivo: formar líderes. Parecia uma atitude na contramão da história empresarial. Para que investir em pessoas? O futuro – hoje presente – demonstrou que Welch estava certo. Outra exceção: a Rede de Supermercados Wal Mart, cujo líder, Sam Walton, confessou em seu livro autobiográfico que, durante toda a sua vida, procurou desenvolver a auto-estima do seu pessoal. Mais uma exceção: a rede de restaurantes McDonald's, que, desde sua fundação, focalizou-se no investimento comportamental.

Pelas exceções acima, nota-se que investir em treinamento comportamental, quando não era o procedimento usual, consolidava uma imagem de eficiência e eficácia, em poucas empresas.

Drucker anteviu a necessidade de treinamentos comportamentais numa época em que eles não aconteciam. E não obstante essa antevisão de Drucker, as empresas, com raras exceções, não enxergavam e não valorizavam esse tipo de treinamento. Por que isso ocorria? Porque o conhecimento técnico prevalecia ante o comportamental, haja vista que antigamente as pessoas trabalhavam sem questionar o ambiente de trabalho. Naquela época, geralmente se trabalhava apenas para ganhar o sustento. Hoje, as pessoas ainda trabalham para se sustentar financeiramente, mas, ao contrário de antes, a realização pessoal e profissional está em primeiro plano. E não dá para realizar-se pessoal e profissionalmente num ambiente de trabalho desmotivador e castrador da criatividade. Daí a necessidade do treinamento comportamental.

INVESTINDO DE FORMA EQUIVOCADA

Como disse antes, com certeza absoluta, as empresas com esse clima terrível não investiram em treinamentos comportamentais ou, se investiram, investiram de forma equivocada. Mas o que significa investir em treinamento de forma equivocada?

Investir em treinamento de forma equivocada é ofertar treinamentos pontuais. Isto é, a empresa não está bem em gestão: "manda um treinamento sobre gestão!". Dali seis meses, percebe uma grande desmotivação: "manda uma palestra motivacional!". Decorridos cinco meses, o clima está péssimo: "manda um treinamento sobre relacionamento interpessoal!".

Mas cursos pontuais não ajudam?

Sempre ajudam. E se forem cursos na área técnica, ajudam muito.

No entanto, ofertar cursos pontuais na área comportamental pensando ser a solução é um engano. Eles ajudam, sim. São úteis, sim. Mas é preciso saber que aplicar cursos pontuais na área comportamental é equivalente a adotar a cultura de "apagar fogo". E a empresa que quer ter pessoal altamente comprometido e produtivo deve, em vez de "apagar fogo", iniciar várias fogueiras: a fogueira do entusiasmo, a da confiança, a do bem-estar pessoal e profissional.

Treinamento correto influi positivamente na cultura da empresa. E, para isto ocorrer, o treinamento comportamental deve fazer parte da própria cultura empresarial. Não é um treinamento hoje e outro daqui a quatro meses. Mas, sim, treinamentos todos os meses.

A empresa precisa investir em treinamentos muito bem embasados, contínuos e consistentes; só assim haverá o clima organizacional ideal para gerar a tão necessária confiança mútua.

Como o condicionamento negativo é um mal que ainda perdura, a solução é clara e lógica: investir continuamente no comportamental. Assim, as empresas atuam em consonância com a nova natureza dos significados empresariais, exercendo sua função de instituição geradora de atitudes pró-ativas de valorização do indivíduo. As empresas agindo assim, além de ter profissionais mais produtivos, terão funcionários mais felizes, que é o propósito maior de nossa vida.

PAUSA PARA REFLEXÃO 6

Estudando o orgulho

Ermance Dufaux*

Orgulho é o sentimento de superioridade pessoal resultante do processo natural de crescimento do espírito; um "subproduto" do instinto de conservação, um princípio colocado no homem para o bem, porque sem o "sentimento de valor pessoal" e a "necessidade de estima" não encontramos motivação para existir e não formaríamos um autoconceito de dignidade pessoal.

O problema não é o sentimento de orgulho, mas o descontrole de seus efeitos. No atual estágio de aprendizado, ainda não temos plena capacidade de controlá-lo. Ele está presente em quase tudo o que fazemos. Isso o torna uma paixão ou, como dizem os bondosos Guias da Verdade, "o excesso de que se acresceu a vontade". Conceituamo-lo, portanto, como uma paixão crônica por si mesmo, impropriamente denominado como "amor próprio".

Seu principal reflexo na vida interior dá-se no departamento mental da imaginação, no qual está armazenada a "matriz superdimensionada" da imagem que fazemos de nós. A partir dessa matriz, que tem "vida própria" como uma "segunda personalidade", processa-se e dinamiza-se todo um complexo de valores morais e afetivos que regulam a rotina de boa parte das operações psíquicas e emocionais do

---

* DUFAUX, Ermance. Psicografia de Wanderley Soares de Oliveira. *Mereça ser feliz*. Minas Gerais: Inede, 2005.

ser, determinando atitudes, palavras, escolhas, aspirações e gostos.

A vaidade e a indiferença, o preconceito e a presunção, o desprezo e o melindre, a pretensão e a inveja são alguns reflexos inevitáveis desse "estudo orgulhoso de ser" nas ações de cada dia. E o conjunto dos hábitos derivados desses reflexos forma o que chamamos de personalismo – e estado de supervalorização do eu.

O personalismo é a expressão mais perceptível e concreta do orgulho. É a excessiva e "incontrolável" valorização conferida a nós mesmos, levando-nos a supor termos direitos e qualidades maiores do que aquelas as quais realmente possuímos.

Traçar uma diferença entre ambos constitui um desafio para o bom observador; digamos que enquanto o orgulho incapacita-nos para verificar as próprias imperfeições, o personalismo tem como efeito gerar idéias de que tudo aquilo que parta de nós é o melhor e mais correto. Em outras palavras, a superioridade pessoal provocada pelo sentimento de orgulho interfere na formulação de juízos. A partir disso, estipulamos concepções pessoais como verdades incontestáveis. Isso é o personalismo.

Podemos mesmo dizer que o reflexo do orgulho é um "outro eu", uma "segunda natureza" enraizada nas profundezas da subconsciência, capaz de fazer-nos sentir e pensar em coisas que não correspondem ao que verdadeiramente desejamos e sentimos.

Especialmente para quantos se encontram em renovação íntima, torna-se essencial a compreensão desse tema, na melhor aferição do que se passa na esfera dos pensamentos e dos impulsos, tomando por base a influência que o orgulho exerce sobre as engrenagens da vida mental.

Com razão ímpar "Um Espírito Familiar" afirmou: "Só o orgulho pode impedir que vos vejais quais realmente sois. Mas, se vós mesmos não o vedes, outros o vêem por vós". Esse sentimento cria uma ilusão, uma distorção na realidade. A "representação mental" do que somos, gerada pelo orgulho, que quase sempre atende a interesses personalistas, pode ser considerada como uma verdadeira patologia. Aliás, os estudiosos das ciências psíquicas, quando tomam por fundamento o ego na explicação de muitas doenças, o fazem com sensatez, porque as enfermidades mentais encontram razoáveis explicações nesse enfoque. Quanto mais ausência de controle sobre essa "paixão narcisista", mais haverá desconexão com a realidade.

Pensando bem, a maioria de nós, considerados normais, vive lampejos de "loucura passageira" na imaginação fértil e desordenada na qual, muitas vezes, embrenhamos ante os acontecimentos do dia-a-dia. O orgulhoso, dessa forma, vive intensamente de máscaras que correspondam a essas idealizações do seu imaginário, para fazer com que o mundo à sua volta acredite que ele seja quem ele próprio acredita ser. Naturalmente, como sempre, a sua auto-imagem é exacerbada em qualidades que nem sempre possui, procedendo de modo a sempre esconder as imperfeições, gerando a dissimulação.

A dissimulação é o preço elevado que paga o orgulhoso para manter as aparências. Trata-se de uma inaceitação de suas sombras interiores, uma necessidade obsessiva e neurotizante de manter um *status*, para evitar críticas ou para não perder sua suposta "autoridade". Isso causa muita dor aos orgulhosos, pois não há como "maquiar" para si mesmo a verdade de seu mundo interior. A todo instante está diante daquilo que não gostaria de ver em si. Somente ele, e mais ninguém, sabe como é doloroso ter de encontrar-se consigo, com sua verdade pessoal em contraposição à "identidade fictícia" que criou para os outros, e sob a regência da qual passa a viver. Até mesmo as doenças costumam ser ocultadas pelo orgulhoso; para ele isso é um "código de fragilidade" que não pode revelar. Essa dissimulação é desgastante e é uma das expressões mais comuns da personalidade orgulhosa.

Nesse quadro de "teatralizar papéis", em regime de condicionamento milenar, ocorre um leque de prejuízos para a organização mental da criatura, porque a mente implementa uma rotina de manutenção dessa "falsa personalidade", impedindo uma análise fiel da realidade profunda de si mesma. O orgulho tem esse mecanismo de produzir uma ilusão da avaliação individual, transferindo o mal para os outros, onde é menos penoso verificá-lo...

Como se trata de alguém que quer sempre manter um perfil perante os demais, o orgulhoso enfrenta sérios obstáculos nos relacionamentos por habituar-se aos estereótipos. Os estereótipos, ou padrões e critérios de conduta social, funcionam como "bóias demarcatórias" para que o orgulhoso navegue com seu conceito de "segurança" no mar da vida interpessoal, mantendo aparências e impressionando o meio. Para isso, adota concepções prévias sobre o outro, como forma de identificação, com as quais estabelece seus limites em relação às pessoas, impedindo-se de ser assertivo, espontâneo e autêntico nas ligações humanas, tendo como único objetivo manter sua suposta superioridade pessoal, insuflada pela força do orgulho.

Suas manifestações são tão variáveis e de difícil catalogação em algumas personalidades, que analisaremos apenas algumas legendas a fim de ampliar nossas anotações nesse estudo, destacando seus respectivos roteiros reeducativos.

Melindre é o orgulho na mágoa. Cultivemos a coragem de ser criticados.

Pretensão é o orgulho nas aspirações. Aprendamos a nos contentar com a alegria de trabalhar, sem expectativas pessoais.

Presunção é o orgulho no saber. Tomemos por divisa que toda opinião deve ser escutada com o desejo de aprender.

Preconceito é o orgulho nas concepções. Habituemos-nos a manter análises imparciais e flexíveis.

Indiferença é o orgulho na sensibilidade. Adotemos a aceitação e o respeito em todas as ocasiões de êxitos e insucessos alheios.

Desprezo é o orgulho no entendimento. Acostumemos a pensar que para Deus tudo tem valor, mesmo que por agora não o compreendas.

Personalismo é o orgulho centrado no eu. Eduquemos a abnegação nas atitudes.

Vaidade é o orgulho do que se imagina ser. Procuremos conhecer a nós mesmos e ter coragem para aceitarmo-nos tais quais somos, fazendo o melhor que pudermos na melhoria pessoal.

Inveja é o orgulho perante as vitórias alheias. Admitamos que temos esse sentimento e o enfrentemos com dignidade e humildade.

A falsa modéstia é orgulho da "humildade artificial". Esforcemos pela simplicidade que vem da alma sem querer impressionar.

A prepotência é o orgulho nas aparências. Esforcemos por ser quem somos, sem receios, amando-nos como somos.

A reeducação moral através das reencarnações nos levará a renovar esse quadro de penúria espiritual da Terra, sob a escravização das sombrias manifestações orgulhosas.

Estamos todos, encarnados e desencarnados, nessa busca de superação e enfrentamento com as nossas imperfeições milenares, e não será num salto que venceremos a grande e demorada luta. Apliquemo-nos nas preciosas e universais lições de Jesus e esforcemo-nos sem desistir da longa caminhada na conquista da humildade...

Precisaremos de muita coragem para ser humildes, ser o que somos...

A NOVA ORDEM

"A mente humana, uma vez esticada por uma grande idéia, nunca mais retorna à sua forma original."

Oliver Wendell Holmes Jr.

Capítulo 18

A nova ordem empresarial a caminho

"Todos nós nascemos para amar. Este é o princípio da existência e sua única finalidade."

Benjamin Disraeli

Toda realização tem seu início num sonho, mas nenhum sonho relacionado com o mundo corporativo apaga a realidade de que a base material da empresa é ser instituição criadora de riquezas materiais e novas tecnologias. No entanto, para que essa base encontre fundamentos que a tornem cada vez mais sólida, a comunidade em torno da empresa deverá, conforme já comentamos, ser vista e valorizada de forma individual. A nova ordem a caminho tem esse foco.

Executivos visionários já vislumbram essa nova ordem. Na página da ABRH-SP/Aparh inserida no jornal *O Estado de S. Paulo*, de 1º de fevereiro de 2004, vê-se o depoimento de Osvaldo Esteves, Diretor de Desenvolvimento Humano e Organizacional da empresa ABB Ltda. Questionado sobre os desafios do setor de Recursos Humanos, Osvaldo Esteves responde: "É preciso repensar completamente o modelo de empresas e lideranças que temos hoje. Será que estamos fazendo isso? Os líderes de hoje têm de ter a visão de que seus sucessores vão encontrar um ambiente com necessidades diferentes. A sociedade caminha para a responsabilidade social, para o equilíbrio entre trabalho, vida pessoal, qualidade de vida e não para a visão de que só o lucro interessa. Hoje não existe esse equilíbrio e nosso grande papel como líderes de RH é preparar desde já o capital humano para um mundo diferente". Tal depoimento é a introdução ideal para o subitem a seguir.

A NOVA ORDEM EMPRESARIAL A CAMINHO

a) O vigor administrativo das instituições no século XXI se assenta na ausência de controle como fonte de poder.
b) As palavras monopólio de mercado, globalização e capitalismo tomarão conotações avançadas, convergindo para novos paradigmas com conotações sistêmicas.
c) A administração pugna por uma ação de mão dupla, em que a interatividade cliente–instituição determina qual relação interessa a ambas as partes, destronando as direções autoritárias e personalizantes.
d) Os méritos são contabilizados às equipes e à gerência participativa-promocional, consistindo em motivação de crescimento individual e organizacional.
e) A informação, destacada como a mais rica moeda dos nossos dias, ganha o investimento dos sentimentos e da moralização no alcance do verdadeiro sucesso.
f) O caráter supera os diplomas e as riquezas.

(Sobre o caráter, dizia Sathya Sai Baba há muito tempo: "Há quem diga que conhecimento é poder, mas não é verdade. Caráter é poder".)

g) A meta maior das instituições é o homem integral, contemplado em variadas necessidades e valores bio-sócio-psico-espirituais.

Quando essa nova ordem empresarial entrar em vigor, passará a ser realidade o aforismo "o trabalho dignifica o homem".

Capítulo 19

Que mundo nossos filhos herdarão?

Não nos iludamos: o desemprego não tem solução.

Ou melhor, sob a vigência da ordem empresarial e econômica que ainda impera no mundo, o desemprego não tem solução. Os países do Primeiro Mundo, que em tese teriam as melhores condições de encontrar uma alternativa para o desemprego, praticamente já "jogaram a toalha": *round* perdido. Não encontram solução.

Em artigo no jornal *Folha de S.Paulo*, de 31 de agosto de 2003, Rubens Ricupero, ex-ministro da Fazenda, relata algo que traduz uma realidade, em essência, ainda atual:

> "Ricos e inventivos, os franceses adotaram mais de cem medidas para combater o desemprego. Reduziram a 35 horas a jornada de trabalho, diminuíram os encargos e taxas sobre os baixos salários, criaram os 'empregos jovens' e milhares de vagas mediante os 'contratos de solidariedade', isto é, os postos de trabalho subsidiados pelo governo (na Suécia, alcança às vezes 80% a parte do salário coberta pelas subvenções). Chegou quase ao exagero a tolerância com os contratos de tempo parcial, a terceirização, a flexibilização das regras levada ao extremo. O máximo que se logrou com esse arsenal de políticas foi, segundo análise recente,

'mudar a ordem de espera na fila dos desempregados, escolhendo como alvo prioritário ora uma categoria ora outra'.

O resultado líquido é que, após ter deslizado até um mínimo de 8,9%, em 2001, o índice de desemprego voltou a subir de novo, a 9,3%, com tendência a alta. Em momentos de desalento como o atual, os franceses sentem-se inclinados a concordar com o que dizia Miterrand em 1993: 'Em matéria de luta contra o desemprego, já se tentou tudo'."

Ao mesmo tempo que é correto afirmar, no sentido estrutural, que o desemprego não tem solução, também é correto afirmar que, nos países pobres ou em desenvolvimento, há solução para o emprego, em termos conjunturais.

Explicando melhor: nos países onde a desigualdade social está presente e a distribuição de renda confunde-se com a palavra "vergonha", ainda existem os consumidores invisíveis, ou consumidores "em potencial", os indivíduos excluídos social e economicamente. Mudanças conjunturais, e por que não dizer também estruturais, têm como colocar esses indivíduos no mercado na condição de consumidores. Ocorrendo isso, as indústrias ver-se-ão obrigadas a construir novas unidades, ampliando sua capacidade de produção, o que tende a gerar emprego.

Conclusão dos parágrafos anteriores: Os países nessa condição de péssima distribuição de renda possuem a vantagem (?!) de, por meio de uma eficaz política de inclusão e uma melhor distribuição de renda, ter as taxas de desemprego substancialmente diminuídas. Ocorre que, uma vez resolvida essa questão de acomodação social e econômica, o desemprego vai mostrar sua verdadeira face, o que vem a seguir.

O PRINCIPAL MOTIVO DO DESEMPREGO

O motivo principal do desemprego galopante é o contínuo aumento da produtividade empresarial. Por exemplo, em 15 anos, a indústria automobilística aumentou em 600% sua produtividade por funcionário, o que quer dizer: em determinada época se produziam 10 veículos por empregado; 15 anos depois, eram produzidos 70! E, com certeza, no momento que você estiver lendo este livro, essa informação já estará bem desatualizada!

Cada vez precisa-se de um menor número de trabalhadores para executar o mesmo trabalho. Pesquisa feita pela Universidade Federal do Rio de Janeiro (UFRJ), a pedido da Comissão Econômica para a América Latina e Caribe (Cepal), concluiu que a modernização tecnológica do Brasil resultou na eliminação de 10,76 milhões de empregos, considerando o período de 1990 até 2001. Como o Brasil ainda tem muito desperdício nos processos industriais a eliminar e por mais que em fases de crescimento econômico sejam criados novos postos de trabalho, vê-se que o aumento da produtividade tende a ser o fator preponderante na luta "novos postos de trabalho gerados pelo crescimento econômico" *versus* "novas demissões geradas pelo aumento da produtividade".

Nenhum líder mundial conseguirá derrubar a Lei da Produtividade. Ela caminha em seu ritmo. Por quê? Porque uma outra lei, a Lei do Progresso, determina que o homem precisa ter tempo livre para viver em plenitude. Lembram-se de como viviam os homens da Grécia Antiga? Tinham tempo livre para viver. Eram homens de idéias. Homens que pensavam, enxergavam e valorizavam a natureza exuberante à sua volta. Homens que tinham tempo para ouvir o cantar dos pássaros. Homens que filosofavam e entendiam na vida um significado profundo. Homens que tinham tempo para a família, o lazer e a cultura. Esse tempo, quando o homem tinha tempo livre para viver, vai voltar. A tendência é termos esse tempo livre, pois a alta tecnologia cuidará da parte operacional do nosso cotidiano.

Mas voltemos à realidade do mundo de hoje:

Conscientizemo-nos que, na atual ordem empresarial e econômica, nem sempre empresa produtiva significa empresa saudável. O visionário empresário Miguel Abuhab, Presidente da Datasul, explica: "Para termos empresas saudáveis, é preciso que elas sejam competitivas, o que equivale a automatizar e demitir. Por outro lado, para a empresa ser saudável, precisa ter consumidores, o que depende de manter e gerar empregos. Isso é um conflito que faz com que o objetivo (de ser empresa saudável) não seja conseguido".

A AGONIA DOS SISTEMAS

É importante esclarecer que é natural toda empresa procurar ser mais produtiva. Vejo que numa nova ordem o processo será o mesmo, isto é, as empresas continuarão com o propósito de ser cada vez mais produtivas. O que muda, numa nova ordem, são as conseqüências, as quais não serão nefastas como hoje, pois serão criados mecanismos compensatórios, com os quais todos dignamente terão ocupação.

Em meu livro *Viver bem é simples, nós é que complicamos*, começo o capítulo "Ele estava quase certo" com as seguintes palavras:

> "A concorrência acirrada obriga as empresas a prioritariamente diminuírem seus custos, o que implica a contínua modernização dos seus equipamentos para melhorar a produtividade.
> A eficiência da produção se faz cada vez mais presente, em função da racionalização de cada setor. A fusão das fábricas é inevitável.
> As fábricas acabam ficando nas mãos de poucos. As máquinas substituem, com eficiência, as mãos humanas. Cada vez precisa-se de menos mão-de-obra e cada vez mais trabalhadores ficam desempregados.
> Para continuar diminuindo seus custos diante da concorrência, as empresas tendem a diminuir os salários dos empregados. E aí inicia-se um círculo vicioso autodestrutivo: menos emprego, menores salários, menos consumidores. Menos consumidores, menos compras, menos empregos e, então, a cobra começa a engolir a sua própria cauda. É o próprio Capitalismo autodestruindo-se!
> A mensagem acima não é de autoria de quem ora a escreve.
> A mensagem acima tem mais de 150 anos.
> Corresponde à síntese da profecia feita por Karl Marx nos idos de 1850. Marx acreditava que o crescimento do Capitalismo resultaria em sua própria autodestruição, e, em seu lugar, o Comunismo teria vez.
> Ele estava quase certo.
> Só que o Comunismo mostrou suas garras no totalitarismo inconseqüente. A queda do Muro de Berlim deixou claro que o Comunismo também não é a solução para a humanidade."

A Doutora em Educação Dora Incontri comenta que estamos vivendo a agonia dos sistemas.

Domenico De Masi, o sociólogo italiano que coloca o homem no centro do sistema econômico e defende a teoria do ócio produtivo, relata: "Dos dois grandes modelos que se confrontaram no século XX, o comunismo demonstrou saber distribuir a riqueza, mas não saber produzi-la; o capitalismo demonstrou saber produzi-la, mas não distribuí-la – nem distribuir eqüitativamente o trabalho, o poder e o saber. Num debate radiofônico, Vaclav Havel, presidente da então Tchecoslováquia, disse-me: 'O comunismo perdeu, mas o capitalismo não venceu' ".

SE NEM O CAPITALISMO NEM O COMUNISMO SÃO SOLUÇÃO, O QUE FAZER?

A implantação da nova ordem empresarial do capítulo anterior é a solução. O que, em síntese, significa que devemos resgatar o melhor no capitalismo, que é a produção, e o melhor no comunismo, a distribuição da riqueza.

Poderíamos até pensar que milhões de pessoas no mundo passam fome por uma causa tecnicamente justificada: não há como produzir alimentos suficientes para toda a população mundial. Aliás, essa era a informação em 1952. Revista da época informava: "Pelas projeções do crescimento populacional, no século XXI, o mundo não terá condições para produzir alimentos para toda a população mundial". Como em muitos exercícios de futurologia, essa informação também demonstrou ser descabida: as revoluções científicas e tecnológicas, das últimas décadas do século passado, tornaram o mundo capaz de produzir 23 vezes a quantidade total de alimentos necessários para suprir todos os habitantes do planeta!

Outra informação: o capital financeiro hoje disponível é mais do que o necessário para acabar com a pobreza e o analfabetismo em todo o mundo, se aplicado de forma justa e humana. O problema é que aplicamos mal; por exemplo, em apenas um ano, o investimento militar mundial ultrapassa a casa de um trilhão de dólares! Um absurdo. Dez por cento deste total, investidos de forma planejada, resolveriam o problema da fome no mundo.

Continuar como está não é mais possível. Por exemplo, na atual ordem mundial, milhões de pessoas morrem anualmente numa guerra invisível, conseqüência natural do fato de os dirigentes governamentais, de um país em desenvolvimento, serem obrigados a não cumprir com os seus investimentos em educação, em saneamento básico e em saúde, porque não podem descumprir com os pagamentos asfixiantes (essa é a palavra certa) dos juros de suas dívidas internas e externas. Se o homem é o centro e o foco, aí está um paradoxo!

Um economista pragmático pode dizer: "É um absurdo que em pleno século XXI alguém ainda não consiga entender que as leis econômicas, apesar de frias e desumanas, são o que são e não é possível mudá-las". Essa afirmação, verdadeira diga-se de passagem, é um paradigma a ser quebrado. E, então, uma vez quebrado, essa afirmação deixará de ser verdadeira, pois para isso servem as quebras de paradigmas: acabar com a eternidade das "verdades" criadas pelo homem.

Felizmente, vê-se nos novos livros de economia o surgimento da "Nova Economia", que, uma vez implantada, com seus modernos e humanos conceitos, será a força capaz de romper os paradigmas da velha economia.

Na atual ordem econômica, acontecem coisas absurdas. Por exemplo: manchete principal do jornal *Folha de S.Paulo*, de 31 de janeiro de 2004, informa que em 2003 o Brasil se viu obrigado a pagar R$ 145,2 bilhões de juros e serviços de sua dívida e aplicou a modestíssima quantia de R$ 6,4 bilhões em investimentos gerais! Nem mesmo a quantia ínfima prevista no orçamento de 2003 para investimentos foi utilizada. Estavam previstos investimentos de R$ 14 bilhões; desses, o governo realizou apenas 46,25%, o que corresponde aos R$ 6,4 bilhões citados acima.

E, pasme, com todo esse sacrifício, a dívida do Brasil em 2003 ainda aumentou R$ 32 bilhões, conforme informa o jornal *O Estado de S. Paulo*, da mesma data: "No fim do ano passado (isto é, em 2003), a dívida líquida do setor público somou R$ 913,1 bilhões, o equivalente a 58,2% do PIB. Em dezembro de 2002, esse estoque era de R$ 881,1 bilhões, ou 55,5% do PIB". Como se vê, não só o valor da dívida brasileira aumentou, como também sua relação percentual com o PIB.

Para poder pagar esses juros absurdos, o governo brasileiro se viu forçado a cobrar das empresas impostos com valores próximos a 40% do PIB.

Atitudes como essas enriqueceram ainda mais os especuladores financeiros e projetaram para o mundo econômico uma imagem de país sério e responsável. Mas que ordem econômica é esta que considera países sérios e responsáveis aqueles que, para manterem seus compromissos absurdos, deixam pessoas famintas, ao mesmo tempo que oferecem assistência de saúde deficitária e qualidade da educação deteriorada? Essas "qualidades" são características de um país sério e responsável? Sim. Para a ordem econômica atual, são países sérios e responsáveis. A economia hoje, infelizmente, é "fim" e não "meio".

Na nova ordem empresarial, paradigmas desumanos serão quebrados. Os países colocarão em primeiro plano o bem-estar geral e a educação de sua população.

Na nova ordem, o foco é o indivíduo: a eficaz assistência social estará complementada pela promoção humana; o trabalho será honroso, o salário, dignificante, as atitudes governamentais serão justas e humanas. O conceito de melhora da "média" salarial será importante, mas terá pouco peso se não for resultante da melhoria salarial dos que estão nos degraus inferiores da escala social, pois, conforme já ironizaram, "quando Bill Gates entra num restaurante para almoçar, a média salarial dos seus freqüentadores aumenta consideravelmente".

Seria bom se a média salarial melhorasse, mas pela diminuição da distância salarial entre os que estão no topo e os que estão à margem da dignidade humana. No milênio da valorização do indivíduo, enquanto houver alguém passando fome, devemos nos sentir responsáveis.

William Greider, já citado no primeiro capítulo, disse que "nós vivemos uma revolução que administra a si mesma". Disse ainda que "interesse próprio e altruísmo finalmente estão se convergindo". Em outras palavras, o processo de mudança já começou. Acredito firmemente que em poucas décadas (arrisco: até 2035), o capitalismo será sinônimo de fraternalismo. Ou as empresas enxergam essa realidade ou serão exterminadas (essa também é a palavra certa). Fazermos deste mundo um vasto *playground*, como disse William Greider, é a única solução. Para sobrevivermos e crescermos, seremos obrigados a darmo-nos as mãos. E descobriremos o quanto isto nos fará bem.

A face mais visível dessa nova ordem que se avizinha (veja capítulo anterior) são as ONGs.

A melhor alternativa

Como introdução a este subitem, reproduzo, de um dos capítulos anteriores, o parágrafo a seguir.

Em setembro de 2003, mais de 50 diretores e presidentes de empresas, no 15º Fórum de Marketing Industrial, detectaram o crescimento da taxa de infelicidade entre os empregados da empresa. José Carlos Teixeira, o responsável pelo Fórum, disse que essa taxa tem sido crescente, e um dos fatores é a ausência de uma "causa", seja por parte das empresas, quanto por parte dos funcionários".

Uma alternativa para as empresas cada vez mais passarem a ter uma "causa" a oferecer à sua comunidade – inclusive alternativa para o desemprego – são as empresas criarem suas próprias ONGs como o seu braço complementar. Essas ONGs seriam constituídas pelos funcionários excedentes da empresa-mãe, a qual, precisando melhorar sempre a produtividade, continuamente precisaria de menos funcionários para um mesmo trabalho. Os funcionários "comprometidos e produtivos", excluídos da empresa-mãe com a melhoria da produtividade, seriam contratados pelas ONGs (braço complementar da empresa).

O desafio é fazer com que essas ONGs sejam financeiramente auto-sustentáveis. Nada que a criatividade não possa resolver.

a) Com os recursos financeiros mundiais que, numa nova ordem, serão melhor distribuídos.
b) Com o poder público, por meio dos incentivos fiscais à empresa-mãe, pela ajuda na solução dos problemas sociais do país;
c) Com o amor a essa nova causa de valorização do "indivíduo".

Então teríamos o melhor do capitalismo, *produção*, aliado ao melhor do comunismo, *distribuição de riquezas*. Esse processo também já começou.

O fato de as empresas abraçarem a responsabilidade social indicia o começo desse processo. Falta às empresas enxergar que atuar como hoje em termos de responsabilidade social simplesmente significa chegar até a estação. Agora é preciso subir na locomotiva, o que, em outras palavras, significa que a empresa deve ser muito mais atuante e audaciosa na área da responsabilidade social do que tem sido até então. A responsabilidade social precisa ser a outra natural missão da empresa que atingiu sua maioridade. O indivíduo é o foco. Felizmente, já existem em nosso país empresas que criaram uma nova diretoria em seu organograma: Diretoria de Responsabilidade Social. Felizmente, o tema responsabilidade social tende a deixar de ser um apêndice da área de Recursos Humanos, para ter sua própria e fulgurante visibilidade dentro da empresa.

Poderemos enxergar no horizonte a nova ordem, quando as empresas começarem a atuar com suas ONGs, ou algo semelhante, mesmo com a atual ordem econômica. Óbvio que os desafios serão imensos. Mas os fecundos exemplos – se bem divulgados – vão repercutir nacional e internacionalmente, criando condições e pressões para a eclosão de uma nova ordem econômica internacional justa e humana. As primeiras candidatas a quebrarem o atual paradigma deveriam ser as empresas com alto valor agregado, isto é, as quais, não obstante os impostos absurdamente injustos, conseguem subsistir de forma exemplar.

Também poderiam começar a atuar social e comunitariamente (várias até já começaram) as empresas cujos responsáveis são pessoas humanas, isto é, seres que enxergam significado em suas vidas se, e somente se, a sua comunidade estiver bem. E, mesmo enfrentando grandes desafios, procuram fazer sua parte da melhor forma possível.

Seja pela força do cifrão ou do coração, empresas que abraçarem essa causa terão muito a ganhar financeiramente, pois sua imagem será a de uma empresa responsável social e comunitariamente. E isso é *marketing*! E *marketing* vende!

Vejo que este será o novo mundo: ONGs como braços de empresas, empregando *produtivamente* os funcionários excedentes da empresa-mãe e colaborando para que as empresas sejam cada vez mais fortes e satisfeitas por cumprirem seu papel com dignidade. Essa nova postura da empresa que atingiu sua maioridade será sinal de *atualização corporativa*, isto é, instituição em consonância com a realidade do novo mundo, haja vista que, em final de 2004, o jornal *Financial Times* noticiou que as ONGs ultrapassaram governos e corporações em instituições de maior respeito. E qual é a empresa que não será respeitada e admirada pelos seus clientes, pelo fato de ter como um dos seus importantes braços uma ONG útil à comunidade?

Capítulo 20

Mude seu paradigma

Algumas empresas já se colocam de forma firme nesta nova ordem, em que o foco é o indivíduo, e não a massa constituída de indivíduos.

Há algum tempo, ministrando um Curso de Comunicação Verbal para alguns executivos da Porto Seguro Seguros, relatei a um deles a vontade de conhecer pessoalmente o presidente da empresa. Foi apenas a manifestação de um desejo substanciado em conhecer um líder que fez de sua empresa um ambiente humano e altamente produtivo. Mas considerei aquela conversa apenas como um "desejo". A lógica me dizia que a agenda do presidente de uma empresa com mais de 7.000 funcionários e mais de 10.000 corretores faria com que meu desejo não se realizasse.

Um dia, abrindo meus e-mails, para minha surpresa, havia uma mensagem pessoal do presidente da Porto Seguro, convidando-me para uma reunião, que realmente ocorreu e de forma muito prazerosa.

Por que estou expondo esse caso?

Se fosse apenas para relatar a ocorrência dessa reunião, eu não escreveria isso. O interessante é o subjacente ao comportamento do Sr. Jayme Garfinkel: viu-me como fornecedor de treinamento e, ao mesmo tempo, como um indivíduo.

O Sr. Jayme é mestre em proferir palestras rotineiras na empresa, reforçando a importância do indivíduo (e não da massa de indivíduos) que ali trabalha. A Porto Seguro Seguros procura entender cada funcionário e cada consumidor como um indivíduo. A frase de Érico Veríssimo, epígrafe do primeiro bloco de capítulos deste livro, foi copiada de um dos quadros expostos no prédio administrativo da Porto Seguro. Provavelmente, foi a frase inspiradora da visão empresarial do Sr. Jayme Garfinkel: "De que vale fazer arranha-céus se não há mais almas humanas para morar neles".

Uma empresa que cria um ambiente interno habitado por "almas humanas" certamente está no caminho da nova empresa do terceiro milênio.

A Multibrás (Brastemp/Consul), em uma de suas peças promocionais, expõe: "Não basta desenvolver produtos de alta qualidade, não basta estar entre as 100 melhores empresas para você trabalhar, não basta ser uma das mais admiradas, tampouco ter suas marcas como as mais lembradas pelos consumidores em suas categorias. A Multibrás acredita que o verdadeiro valor está no ser humano (...)".

Uma empresa com a coragem de afirmar publicamente sua crença – "*o verdadeiro valor está no ser humano*" –, certamente está no caminho da nova empresa do terceiro milênio.

A Natura, até o momento que escrevo este livro, "é a única empresa no Brasil a usar integralmente no balanço as orientações da Global Reporting Initiative (GRI), organização internacional que busca dar aos indicadores econômicos, sociais e ambientais a mesma importância nos relatórios corporativos"*.

---

* Extraído do *Guia da boa cidadania corporativa*, edição especial da revista *Exame*/2003.

Uma empresa que coloca num mesmo nível de importância os indicadores econômicos, os sociais e os ambientais certamente também está naquele mesmo caminho.

Caro líder empresarial, conforme observamos, já existem empresas no trilho da nova empresa do terceiro milênio. Para sua reflexão e reforço, recordo trecho de um dos capítulos anteriores:

Mais do que nunca as pessoas querem:

a) encontrar uma causa no trabalho;
b) dar significado à vida;
c) ser felizes.

A nova natureza dos significados empresariais (assunto do capítulo 3) está agindo. As pessoas – funcionários ou clientes – querem ser vistas como indivíduos, e não como integrantes de uma massa populacional composta de indivíduos.

Para você, que apesar do que foi até agora comentado e documentado, ainda se mantém firme em declarar que "empresa é lugar para ganhar dinheiro", sinto-me obrigado a lhe dizer que em nenhum momento este livro contesta esta realidade. Este livro simplesmente complementa e dá significado a essa verdade, pois um dos principais focos (dos diversos) deste livro é reforçar: "empresa é lugar para ganhar dinheiro, de maneira social e comunitariamente responsável, enxergando cada funcionário e cada cliente como um indivíduo espiritual".

Não é fácil quebrar paradigmas, mas, para o seu próprio bem e de sua empresa, procure colocá-la no trilho da nova ordem empresarial. No texto a seguir, cito um dos capítulos do meu livro *Torne possível o impossível*, com o objetivo de mostrar o quanto uma empresa pode perder por ficar presa a um paradigma tido como o mais certo do mundo.

"Em 1970, a Xerox Corporation criou um dos mais inovadores laboratórios de pesquisas que o mundo já teve, o PARC (*Palo Alto Research Center*). Ali trabalhavam as melhores e mais bem pagas cabeças da área da computação. Estabeleceu-se, por intermédio da liderança histórica de Bob Taylor, um grupo de lunáticos que teriam que reinventar a ciência da computação. Tinham na mente um só objetivo: construir o primeiro computador pessoal. A Xerox propiciou autonomia total e todo o recurso financeiro necessário. E, então, inventaram o computador pessoal, o PC. Num cochilo, que pode ocorrer com qualquer empresa (semelhante ao cochilo da IBM em relação à Microsoft), a Xerox não vislumbrou a demanda para o novo produto e, não se sabe bem qual foi a lógica, os gerentes financeiros da Xerox, em troca de um bom preço por um lote de ações da empresa, concordaram que o co-fundador da Apple, Steve Jobs, conhecesse a tecnologia desenvolvida no PARC. Ao conhecer a estrutura e operacionalidade do primeiro computador pessoal, Steve Jobs disse: 'Isso é o máximo! É revolucionário!'. A partir daí... é outra história. A Apple aproveitou-se de tudo que a Xerox havia feito e, aperfeiçoando aquela idéia revolucionária, projetou seus computadores de acordo com a linguagem humana. Em seus computadores, os usuários não eram forçados a dominar linguagens arcaicas de computação. Para a Apple, a lógica era 'computadores para os homens', e não 'homens para os computadores' (aliás, o mesmo princípio do pessoal do Laboratório da Xerox). A Apple, tornando o computador acessível à grande massa, fez com que a demanda aumentasse rapidamente. Em 1994, com o colossal número de vendas de computadores pessoais, a Appel se transformou numa multinacional com faturamento anual na casa dos bilhões de dólares. Quando a Xerox abriu o olhos, já não havia mais o que fazer."

Caro leitor, quando escrevi *Torne possível o impossível*, não sabia por que a Xerox não enxergou o que Steve Jobs de forma tão fácil vislumbrou em relação ao PC. Depois, lendo *Liderando a revolução*, de Gary Hamel, descobri qual foi o "pecado" da Xerox. Segundo Hamel:

> "O modelo de negócio bem-sucedido cria sua própria hegemonia intelectual. O sucesso transforma ***um*** modelo de negócio ***no*** modelo de negócio. Em *Dealers of lightning*, fábula acautelatória para qualquer empresa insolitamente próspera, Michael Hiltzik aponta as razões do lastimável fracasso da Xerox em aproveitar as inovações que transbordavam de seu *Palo Alto Research Center*. No negócio das copiadoras, a Xerox era remunerada por página; cada página era acumulada no medidor da máquina. No escritório eletrônico do futuro, não havia contador – não existia anuidade. Qual seria a forma de remuneração? A hegemonia do modelo dos centavos por página era tão absoluta que cegou a Xerox para a caverna de Aladim das outras possibilidades."

Portanto, caro líder empresarial, Michael Hiltzik deixa uma importante contribuição para sua reflexão: "***Um*** modelo de sucesso" corre grave risco de sobrevivência se for visto como "***o*** modelo do sucesso". Não se acomode ***no*** modelo do sucesso de sua empresa. Veja-o como ***um*** modelo de sucesso. Essa visão humilde e inteligente abre portas para a quebra de paradigmas e para contínuas inovações.

PAUSA PARA REFLEXÃO 7

O maior vendedor de sonhos da história

Augusto Cury*

(...) O Mestre dos Mestres demonstrava que detinha o mais elevado conhecimento da psicologia. Conhecia o processo de transformação da personalidade. Nunca fez um milagre na personalidade humana, pois sabia que ela é um campo de reedição difícil de ser operacionalizado.

Ele criou conscientemente ambientes pedagógicos nas praias, nos montes, nas sinagogas para produzir ricas experiências que pudessem se sobrepor às zonas doentias do inconsciente dos discípulos. Creio que ele realizou o maior treinamento para transformação da personalidade de todos os tempos.

Ao analisar a personalidade de Jesus Cristo, sob o olhar da ciência, fiquei assombrado. Tive a convicção de que a ciência foi tímida e omissa por nunca ter investigado a sua inteligência. Por isso, ele foi banido das universidades, excluído da formação dos psicólogos, educadores, sociólogos, psiquiatras. Foi um prejuízo enorme. As sociedades ocidentais tornaram-se cristãs somente no nome.

Jesus Cristo programou, como um microcirurgião que disseca pequenos vasos e nervos, situações e ambientes para treinar e transformar os discípulos. Cada parábola, cada gesto diante dos margi-

---

*CURY, Augusto. *Nunca desista de seus sonhos*. Rio de Janeiro: Sextante, 2004.

nalizados que o procuravam e cada atitude perante uma situação de perseguição eram laboratórios onde se realizava o treinamento.

Ele provou que em qualquer época da vida podemos mudar os pilares que estruturam a nossa personalidade. Seus laboratórios eram universidade viva. Seu objetivo era expor espontaneamente as mazelas do inconsciente. As fragilidades apareciam, as ambições afloravam, a arrogância vinha à tona, a insensatez surgia.

Seus laboratórios aceleravam o processo de tratamento psiquiátrico e psicoterapêutico. Depois de anos de análise detalhada, fui entender o processo usado pelo Mestre dos Mestres.

Todos os seus comportamentos tinham um alvo imperceptível aos olhos. Quando era gentil com uma prostituta, ele tratava o preconceito dos discípulos. Quando era ousado em situações de risco, ele tratava a insegurança deles.

RECONSTRUINDO O SER HUMANO

Vamos analisar uma das mais belas passagens de sua vida. Horas antes de ser preso, ele teve na última ceia um conjunto de atitudes capazes de deixar perplexa a psiquiatria e a psicologia. A última ceia é mundialmente conhecida, mas pouquíssimo conhecida sob o ângulo científico.

Como estava para morrer, ele teria que ensinar rapidamente as mais belas lições de inteligência, como a arte da solidariedade, a capacidade de se colocar no lugar do outro, o respeito pela vida. Teoricamente, precisaria de anos para realizar essa tarefa pedagógica. Então, sem dizer qualquer palavra, o Mestre pegou uma bacia de água e uma toalha e começou a lavar os pés daqueles discípulos que lhe deram tanta dor de cabeça. É simplesmente inacreditável sua atitude.

Jesus estava no auge da fama. Multidões queriam vê-lo, os discípulos o colocavam num patamar infinitamente mais alto que o do imperador Tibério César, que governava Roma. De repente, ele abdica da mais alta posição, se prostra diante dos jovens galileus e começa a extirpar a sujeira dos seus pés. Eles ficaram paralisados, chocados, estarrecidos. Eles se entreolhavam com um nó garganta. Não sabiam o que dizer.

Enquanto as gotas de água escorriam por seus pés, um rio emocional percorria os bastidores da mente deles, irrigando os becos da inteligência. O Mestre dos Mestres conquistava o inconquistável: penetrava nos solos inconscientes, reescrevendo as janelas da intolerância, da disputa predatória, da inveja, do ciúme, da vaidade.

Foram dez ou vinte minutos que causaram mais efeitos do que décadas de bancos escolares ou anos de psicoterapia. A última ceia foi o maior laboratório de tratamento psíquico e enriquecimento da arte de pensar de que se tem notícia. Esta Terra produziu mentes brilhantes, mas nunca ninguém foi tão longe como Jesus Cristo. Ele foi o Mestre dos Mestres. Ele fez isso quando estava para ser torturado e morto. Quem é capaz de raciocinar no caos?

Após tomar essa atitude, ele disse que no seu reino as relações seriam completamente diferentes das que existem na sociedade. O maior não é aquele que domina, tem mais poder político ou financeiro, mas aquele que serve.

Para ele, somente quem abdica da autoridade é digno dela. Qualquer líder espiritual, político ou social que deseja que as pessoas gravitem em torno de si não é digno de ser líder. Os que usam o poder e o dinheiro para controlar os outros estão despreparados para possuí-los. Somente os que servem são dignos de estarem no comando.

O Mestre da vida foi fiel às suas palavras, viveu o que discursou. Deu mais importância aos outros do que a si, mesmo diante da morte. Foi digno da mais alta autoridade, porque abdicou dela. O maior vendedor de sonhos foi o maior educador e o maior psicoterapeuta de todos os tempos.

Nunca alguém tão grande se fez tão pequeno para tornar grandes os pequenos. Se as religiões e a ciência descobrissem a grandeza de sua inteligência, as sociedades nunca mais seriam as mesmas.

Capítulo 21

O surgimento da "nova empresa"

Quando teremos essa nova empresa e, como conseqüência, esse novo mundo delineados nos capítulos 19 e 20?

Algumas empresas ousadas já caminham nessa direção. Até 2015, muitas empresas já viverão essa realidade. Sorte delas. Mas, de maneira geral, até 2035, a nova empresa será comum, ou melhor, dezenas de países, incluindo o Brasil, terão empresas dessa nova natureza dos significados empresariais, a qual reforça, de maneira humana, o indivíduo como foco. No entanto, vários outros países do mundo demorarão mais tempo para acordar para essa realidade.

Por que em menos de 30 anos? Não seria pouco tempo para ocorrerem alterações tão profundas na estrutura social, econômica, política e empresarial?

Uma observação:

Transcorreram 8.000 anos para o mundo passar da era essencialmente agrícola para a era industrial. Mas foram necessários apenas 200 anos para passarmos da sociedade industrial para a pós-industrial. O que serão três décadas para a eclosão desse movimento *que é o desejo da maioria*?

A questão, todos sabemos, é que as mudanças ocorrem numa velocidade cada vez maior. E como não há dúvida de que há uma voz presa na garganta de cada ser humano ansiando por uma vida com sentido, então, a plataforma está montada para a instalação dessa nova empresa. Não podemos deixar de enxergar uma realidade escancarada: visão capitalista e visão humanista finalmente estão convergindo. Não está longe a época em que a Globalização Comercial se transformará em Globalização Fraternal.

Há alguns anos, falar sobre futurologia era um grande risco; hoje, o risco ainda existe, mas de outra forma. Devido à velocidade das mudanças, a tendência maior é que nossas previsões aparentemente ousadas sejam consideradas muito aquém da realidade daqui a 10, 20 ou 30 anos.

AS MUDANÇAS JÁ OCORREM!

Quem poderia afirmar que em 15 anos (de 1990 a 2005) a Internet passaria de 35.000 usuários para 1,5 bilhão? Quem poderia dizer que em 2004 nosso país teria 65 milhões de celulares e, desses, 80% nas classes C, D e E?

As informações do parágrafo acima, extraídas da revista *Veja* de 26 janeiro de 2005, em entrevista com o especialista em informática Ethevaldo Siqueira, são complementadas com artigo do mesmo autor no jornal *O Estado de S. Paulo*, de 26 de dezembro de 2004. Diz o articulista: “Se em dezembro de 1994 eu pudesse antecipar com relativa precisão, num artigo aqui no *Estadão*, o modo como vivo e trabalho hoje, seria considerado um louco varrido, pois a tecnologia que agora utilizo seria quase impensável para a maioria dos cidadãos daquele ano. E notem que não uso nenhuma supertecnologia, especial ou incomum (...)".

Se hoje conseguíssemos visualizar, em sonho, as mudanças futuras, iríamos nos assombrar. Sobre o futuro, disse Jack Welch: "As coisas vão ficar mais difíceis. As chacoalhadas serão brutais. A mudança de ritmo cada vez mais acelerada. O que nos espera lá adiante é um furacão".

Creio na visão de Jack Welch, mas não visualizo o furacão como um mundo pior. Mas como um mundo onde *o pior* do materialismo será varrido pelo furacão do fraternalismo mundial. Não será a destruição do passado. Creio na transmutação de energias. Isto é, sabemos que o mundo utiliza muita energia pensante e material (recursos financeiros, por exemplo) para atingir objetivos extremamente materialistas; então, essa mesma força energética terá seu foco redirecionado para o lado espiritualista, sem deixar de também atuar *no melhor* do materialismo. Óbvio que empresas continuarão a existir, mas serão mais justas e humanas. Em que se baseia essa minha visão otimista? Respondo essa pergunta com outra: Há outra saída para o mundo senão o da fraternidade mundial?

A interdependência entre os países está se tornando tamanha, que, em poucas décadas, as guerras não mais farão sentido. Por que destruir determinado país, se os resultados negativos dessa destruição vão gerar conseqüências negativas ao meu país?

Acredito firmemente que as guerras atuais e as por vir nos próximos anos, somadas à violência nas cidades e nos campos, ensinarão o que Gandhi já nos passou, há muitos anos, quando lhe perguntaram: "Qual é o caminho para a paz?", e Gandhi respondeu: "A paz é o caminho".

UM NOVO MOMENTO PARA O BRASIL (SE SOUBERMOS APROVEITAR)

Dentro dessa nova e alvissareira realidade, reflitamos: Qual o país que reúne as condições ideais para ser a "faísca" dessa grande "fogueira" da fraternidade mundial?

Antes da resposta a essa pergunta, algumas informações.

Há alguns anos, líderes mundiais encontraram-se para decidir qual país reuniria mais condições para, num conflito mundial, agir como mediador. Resposta: o Brasil, pela sua diversidade étnica e cultural, pela ausência de conflitos raciais e pelo seu entendimento com todas as nações do planeta.

Há tempos, foi feita uma pesquisa mundial para descobrir qual seria o país mais solidário. Não solidário no sentido de mais investir financeiramente em causas sociais (nisto os Estados Unidos são o campeão), mas solidário no aspecto de sentir compaixão, de sensibilizar-se com as dores do próximo. Resposta: o Brasil.

Pesquisa semelhante questionava qual o país com o povo mais empreendedor. Resposta: o Brasil.

Sabemos que em todo o mundo são difundidas e aplicadas as normas de qualidade de processos, a ISO-9.000; e também as normas de respeito ao meio ambiente, a ISO-14.000. No entanto, quando encerrei este livro (2006), não havia norma mundial para o sistema revolucionário do mundo corporativo, colocando-o de forma sustentada no caminho das empresas realmente responsáveis. Não havia até o início de 2006 normas de responsabilidade social, mundiais, para as organizações. Veja a seguir, caro leitor, duas notícias, uma boa e outra ótima.

A boa notícia: de forma exemplar, o Brasil, por meio da Associação Brasileira de Normas Técnicas (ABNT), lançou em dezembro de 2004 a NBR 16.001, a norma brasileira da responsabilidade social.

A ótima notícia: 110 países membros da International Organization for Standardization reuniram-se e indicaram dois países para assumir a frente desse esforço para criação até o ano de 2008 da norma ISO-26.000, a norma internacional de responsabilidade social. Friso: entre 110 países, dois foram os escolhidos como responsáveis por esse projeto. Quais? Suécia e Brasil.

Quem está presidindo essa associação? Um brasileiro: Jorge Cajazeira, gerente de excelência empresarial da Suzano Papel e Celulose.

Outra informação: sabemos que o bem mais precioso das próximas décadas será a água potável. Qual o país que tem o maior lençol de água potável do mundo? Resposta: o Brasil.

Outra notícia: os combustíveis fósseis tendem a desaparecer; no entanto, um país está na dianteira da produção dos biocombustíveis. Qual é esse país? Resposta: o Brasil, que, não bastasse isso, também está se tornando auto-suficiente em relação à produção e ao refino de petróleo.

Também sabemos que o Brasil produz as melhores cabeças em informática do mundo (por enquanto, esses profissionais são exportados para outros países). Sabemos ainda que temos uma das maiores áreas do mundo com possibilidade de ser ocupada pelo agronegócio, consolidando o *slogan* tão conhecido "Brasil, celeiro do mundo".

Some-se a estas informações:

a) O fato de que os executivos brasileiros são admirados em todo o mundo pela sua alta competência profissional.
b) No aspecto espiritual, o Brasil é considerado "Coração do mundo e pátria do evangelho", o que tem importante peso nessa nova ordem, pois o homem será visto como uma entidade espiritual, principalmente.

Agora com essas informações repito a pergunta:

Qual o país que reúne as condições ideais para ser a "faísca" dessa grande "fogueira" da fraternidade mundial?

A resposta você já sabe: é o Brasil.

Quando os líderes políticos brasileiros descobrirem o peso e o valor desse nosso país, tenderão a exercer esse mandato que lhes foi outorgado. Sem guerra e sem violência, apenas com o poder da argumentação sustentada na necessária humanização da Terra, a voz do Brasil vai ecoar por todo o mundo. Não sejamos ufanistas. Não será nosso país que fará a mudança acontecer, mas reunimos condições para estimular a união de muitos países nesse grande propósito.

Para reforçar ainda mais a capacidade do nosso país nesse campo do incentivo à globalização fraternal (em outros campos, há tanto e tanto a fazer e a melhorar...), vejamos parte da entrevista com Peter Drucker na revista *HSM-Management*, número 54: "Na minha opinião, não há outro país no mundo em que a nação seja tão forte quanto no Brasil. (...) Até existe no Japão um sentido nacional quase tão forte quanto o brasileiro, mas é excludente. (...) O fato é que ninguém até hoje conseguiu criar uma sociedade verdadeiramente multirracial e vocês (brasileiros) estão perto de realizá-lo".

Essa capacidade de amistosamente aglutinar em nosso país as mais diversas raças, aliada às outras virtudes citadas, faz com que nosso país esteja credenciado para ser a "faísca" da fraternidade mundial.

EM POUCAS DÉCADAS, UM NOVO MUNDO!

Creio firmemente que até 2035 estarão consolidadas a nova ordem econômica e a nova ordem empresarial. Coloco 2035 como o limite máximo, pois é altamente provável que essas mudanças ocorram bem antes, pelo óbvio motivo de que a humanização do planeta é um processo irreversível, uma vez que se esgota a tolerância da humanidade à preponderância dos interesses material e econômico. E, então, com essas mudanças, os recursos financeiros mundiais, abundantes e além da necessidade humana, passarão a ter um direcionamento mais lógico e mais amoroso.

Óbvio que a mudança não vai ocorrer de forma cartesiana. Já dizia a antiga e sempre atual Lei de Russel que "a resistência a uma idéia nova aumenta na proporção do quadrado de sua importância". Haverá muitas vozes contrárias à vigência dessas novas ordens econômica e empresarial.

Anos de lutas verbais se passarão. Mas o bom senso prevalecerá.

Um elemento facilitador da implantação dessas novas ordens é dar respostas dos dirigentes políticos, econômicos e empresariais da atualidade às quatro perguntas a seguir:

I – O fatalismo, isto é, o "é assim e não dá para mudar", tem sentido num mundo de contínuas mudanças em todas as direções?

II – Por que o capital econômico e especulativo tapa os olhos, por exemplo, àquela criança aidética e subnutrida das regiões africanas?

III – Até quando a especulação financeira e as taxas de juros exorbitantes serão formas de ganhar dinheiro em detrimento do trabalho produtivo?

IV – Enfim, a política, a economia e as empresas surgiram com a finalidade de alimentarem a si mesmas, ou de propiciarem qualidade de vida ao melhor produto do universo, o homem?

Enquanto a liderança política brasileira não exercita o seu poder e influência mundial, é fundamental que nossas empresas comecem já a se mobilizar para dar respostas no campo social interno, prevalecendo a valorização do indivíduo. As ONGs, braços das empresas responsáveis, precisam se proliferar.

Mobilizar o governo, sim, mas não esperar suas respostas ou ações efetivas, pois geralmente as instituições públicas, com honrosas exceções, são mal administradas.

O que se pode exigir do governo sob pressão intensa, mas não violenta, é a adoção de um mecanismo tributário compensatório às empresas engajadas às causas sociais, o que, para um governo inteligente, significa ajudar a si mesmo, pois, quanto mais as empresas abraçarem causas sociais, menos o governo terá que investir nesse setor, além do que mais eficiência e mais eficácia estarão presentes.

Importantíssima observação: o assistencialismo sem a fundamental promoção social e humana é tão nefasto quanto o "nada fazer". Procure não começar nenhum novo projeto no quesito responsabilidade social sem refletir muito sobre as esclarecedoras informações a seguir, extraídas da revista *Forbes Brasil* de 21 de novembro de 2001:

> "Quase 6 trilhões de dólares mais tarde, os Estados Unidos provaram que dinheiro em si não resolve problemas.
> Agora a idéia sobre caridade está mudando mais uma vez. E numa direção mais sábia. Pode-se detectar a mudança no *Doe Fund*, de Nova York, e em seu chefe, George McDonald. Ex-ativista barulhento em favor dos sem-teto, ele pregava que necessário eram 'casas, casas e mais casas'. Mas, quando observou de perto, percebeu que o problema dos sem-teto era o próprio comportamento, uma vez que a maioria era usuária de drogas, alcoólatra, ou ambos. Eles teriam que mudar de comportamento e recuperar o controle sobre suas vidas.
> (...) Também se pode ver mudança na iniciativa Faith-Based and Communit, que se baseia na idéia de que os mais necessitados precisam de transformação moral e espiritual mais do que ajuda material."

É importante aprendermos com o erro dos Estados Unidos. Conforme o texto acima, depois de 6 trilhões de dólares aplicados em atos solidários, instituições beneficentes dos Estados Unidos estão descobrindo que "(...) os mais necessitados precisam de transformação moral e espiritual mais do que ajuda material".

Trabalhar o espiritual é mais produtivo do que trabalhar o material. Se ajudar materialmente é necessário e importante, ajudar o indivíduo espiritualmente passou a ser mais do que importante, passou a ser fundamental.

Capítulo 22

Para ser importante, faça os outros se sentirem importantes

No início deste livro, relatei que, no 10º Congresso Mundial de Gestão de Recursos Humanos, ocorrido em 2004 na cidade do Rio de Janeiro, estiveram presentes representantes de 44 países, e isso foi um marco, ou melhor, uma quebra de paradigmas. Todos os Congressos Mundiais dos anos seguintes certamente verão o de 2004 como o divisor de águas. A conclusão básica desse Congresso Mundial, segundo *O Estado de S. Paulo*, de 29 de agosto de 2004, foi: "As empresas devem se preocupar mais com o capital humano, sua grande riqueza, do que com o lucro financeiro. Essa foi a principal conclusão do 10º Congresso Mundial de Gestão de Recursos Humanos".

Relatei ainda que, corroborando com essa conclusão, o mesmo jornal, no mesmo dia, divulgou o resultado de outro evento ocorrido paralelamente ao Congresso Mundial, o Conarh, ou melhor, o 30º Congresso Nacional sobre Gestão de Pessoas. Diz a reportagem do citado jornal: "Dar prioridade ao capital humano foi um consenso entre os especialistas do setor".

Nas informações transcritas felizmente não aparece a conclusão de que nas empresas "o capital humano é **mais importante** do que o lucro financeiro". "Preocupar-se mais" ou "dar prioridade" ao capital humano é diferente de afirmar que esse é "mais importante" do que o capital financeiro.

Num mundo onde a visão sistêmica é primordial, considerar um caso ou uma situação mais importante do que outro é um grande erro. Por exemplo, é errado imaginar o presidente da empresa se considerar mais importante do que os seus funcionários. Cabe, sim, ao presidente da empresa, trabalhar com todo o seu empenho para que os funcionários sintam-se *importantes para a empresa*. Também está errado o funcionário que julga seu trabalho mais importante do que o do colega. Por outro lado, a partir do momento em que ele valorizar a importância do trabalho do seu colega, poderá – neste mundo sistêmico – conseguir melhores resultados em seu próprio trabalho. Em síntese, para sermos importantes, ou para o nosso trabalho ser importante, enxerguemos primeiramente a importância do outro em nossa vida (sem nos desvalorizarmos).

Imagine a seguinte cena: um cardiologista discute com um pneumologista, ambos tentam provar, um ao outro, como os órgãos dos quais cuidam, coração e pulmão, são os mais importantes. Cada um, portanto, pretende provar sua supremacia Mas o fato – todos sabemos – é que nenhum ser humano sobrevive sem o coração ou sem o pulmão. Portanto, discutir o que é mais importante é um procedimento sem sentido.

Ainda existem empresas em que determinado líder considera seu departamento mais importante do que os outros. São líderes que dizem "meu departamento é o *coração* da empresa" ou "meu departamento é o *pulmão* da empresa", esquecendo muitas vezes que o coração não consegue exercer sua função sem o auxílio de modestas veias e artérias, e o pulmão não funciona sem o auxilio do esquisito nariz! Esse pensamento do líder que julga seu departamento mais importante do que os outros vai na contramão das imprescindíveis visões sistêmica e compartilhada. Quanto mais o líder considerar-se parte de um todo, mais importante será considerado pelos seus colegas. É um paradoxo, absolutamente coerente: para ser importante, faça os outros se sentirem importantes.

Seguindo esse raciocínio, no qual o foco foi o homem ou o líder, chegamos agora ao caminho da *empresa*. A questão é: o que é mais importante numa empresa, o capital financeiro? A responsabilidade social? Seus funcionários? Para melhor compreendermos esses aspectos, consideremos de forma alegórica uma empresa como uma árvore, composta, como toda árvore, de raiz, caule e folhas.

Nessa árvore imaginária, podemos enxergar a raiz como o capital financeiro, isto é, a seiva que fortalece e sustenta todas as funções da árvore. A raiz é o *coração*, que, pelas suas inúmeras ramificações, comporta ainda as ferramentas operacionais e de gestão, isto é, o controle dos processos, as diversas normas internas, as estratégias, os projetos.

Por sua vez, o caule representa o fato de a empresa *sair de si mesma*. Enquanto a raiz é o retrato das intrincadas relações operacionais e de gestão internas da empresa, o caule se mostra para o mundo externo, para o mundo consumidor e para o meio ambiente à sua volta. O caule representa os cinco sentidos do corpo humano. Nessa nova era, o sair de si mesmo, além de ser a conquista do mercado consumidor, também é a responsabilidade social.

E as folhas, o que representam? As folhas são os funcionários. Cada uma delas representa um ser humano. No conjunto, as folhas propiciam a respiração à árvore. São os *pulmões*.

Voltemos às perguntas: O que é mais importante numa empresa, o capital financeiro? A responsabilidade social? Seus funcionários?

Podemos responder essas questões com outras perguntas: Uma árvore consegue viver sem sua raiz? Sem seu caule? Sem suas folhas? A natureza sempre nos ensina. Tudo é importante. Quando perdermos o hábito de questionar o mais importante, seremos mais produtivos, além do que seremos pessoas e profissionais melhores.

O que devemos considerar é que a raiz, o caule e as folhas somam suas competências para *gerar frutos*.

Então, a pergunta a fazer às empresas não é sobre o mais importante, pois a importância está na soma, mas sim: quais frutos devemos colher com nossa união interna (visão sistêmica e visão compartilhada)?

Se, caro leitor, sua resposta a essa pergunta for: "os frutos das modernas e responsáveis empresas são um mundo mais justo e mais humano", posso então afirmar que você entendeu o significado deste livro.

CAPÍTULO 23

Espiritualidade na empresa

"Isso nunca ocorreu antes!"

Provavelmente, um estudioso economista fizesse a exclamação acima ao analisar o resultado da pesquisa, feita pela Arthur Andersen, com os executivos das 500 maiores empresas instaladas na América Latina. Essa pesquisa foi concluída em maio de 2000. E a pergunta feita pelos pesquisadores aos executivos foi: "Quais os maiores problemas da América Latina hoje?". Vejamos o resultado da pesquisa, segundo reportagem do jornal *Folha de S.Paulo*, de 9 de maio de 2000: "(...) Um dos resultados mais surpreendentes do trabalho é a lista dos piores problemas da América Latina apontada pelos executivos. A má distribuição de renda é citada por 73% deles como o problema mais crítico. O desemprego e a corrupção estão logo em seguida, com 68% e 62%, respectivamente. Jorge Vazquez disse que é a primeira vez que as empresas dão mais destaque às questões sociais do que às econômicas".

Analisemos a seguinte afirmação: "é a primeira vez que as empresas dão mais destaque às questões sociais do que às econômicas". Por que será que isso está ocorrendo? Antes não havia problemas sociais? Agora não existem mais problemas econômicos? Na realidade, sabemos que, ontem, tanto quanto hoje, problemas sociais e econômicos sempre fizeram parte do mundo. A mudança está na lente do executivo. Hoje, o executivo também olha para além da porta de sua empresa.

Conforme palavras de William Greider, em *O mundo na corda bamba*: "Estamos vivendo uma revolução que administra a si mesma". Não há um líder mundial, encarnado em um corpo físico, fazendo as coisas acontecerem; simplesmente elas estão acontecendo.

Focar as necessidades sociais e procurar resolvê-las é enxergar a parte espiritual do nosso mundo, que é a fundamental. E felizmente o assunto "espiritualidade na empresa" ganha o foco nas empresas que atingem sua maioridade.

Como em tudo na vida, existem duas formas de implantar espiritualidade na empresa: a ideal e a equivocada. A equivocada é confundir "espiritualidade na empresa" com a implantação de "religião na empresa". E esse crucial erro pode matar, no nascedouro, a mais eficaz das ferramentas de gestão empresarial de todos os tempos.

Implantar "religião na empresa" significa adotar *dogmas*, *regras* e *rituais*, que, essencialmente, geram, no ambiente empresarial, mais divergências do que convergências. Por outro lado, implantar "espiritualidade na empresa" é adotar *princípios e valores*, no campo do inter-relacionamento pessoal, *comuns a todas as religiões*, o que, em síntese, significa a aplicação do necessário respeito e da valorização do próximo, os mais importantes pilares da produtividade empresarial.

Existem empresas que adotam o tema espiritualidade na empresa como religião na empresa e, pasmem, está dando certo!

Mas como? A empresa adota a forma equivocada e dá certo?

Sim, mas – muito importante – como *exceção* a forma "equivocada" funciona. Como *regra*, não. Explicando melhor, implantar religião na empresa proporciona bons resultados somente quando a empresa é, em sua gestão, uma extensão de determinada crença religiosa. Exemplo: a Superbom, citada em matéria da revista *Exame*, edição 758. Essa empresa é extensão da Igreja Adventista, fundada por adventistas, e, desde o princípio, a filosofia de gestão previa implantar na empresa os seus dogmas religiosos. Importante: a maioria absoluta dos seus funcionários é adventista. Aí funciona. Mas, pergunto, essa é a realidade das empresas em geral? Todos sabemos que não. Portanto, o que deu certo com a Superbom não vai dar certo em empresas sem homogeneidade de crença do seu pessoal, pois, nesse caso, como ficaria o necessário respeito à diversidade de opiniões e de crenças religiosas?

Mas o que é certo?

Certo é esclarecer de uma vez por todas que espiritualidade na empresa não significa *aula de religião*. Significa ações da empresa e do seu quadro de funcionários que permitam estabelecer um clima de cooperação mútua e de respeito ao próximo. Essas benfazejas ações vão propiciar o desenvolvimento pessoal, que, além de melhorar substancialmente a produtividade da empresa, tende a culminar na espiritualização do indivíduo. Em vez de regras religiosas, procedimentos e atitudes que significam a *aplicação da religiosidade* e, assim, podem surgir caminhos para o estabelecimento de novos e fortes valores, os quais implicarão o surgimento da responsabilidade social da empresa e dos seus funcionários. Como conseqüência imediata, isso gera a tão comentada, e ainda não plenamente vivenciada, ética empresarial.

Aplicando espiritualidade na empresa como se deve (e não religião nas empresas), o trabalho torna-se prazeroso e produtivo, proporcionando ao trabalhador bem-viver no ambiente empresarial, o que, alcançando esse propósito, será uma das maiores realizações da humanidade.

Cabe a todos unir esforços, no meio empresarial, para aproveitar melhor essa inesgotável fonte de saber que é a essência ou a centelha divina presente no ser humano, cuja função é potencializar em cada indivíduo um Ser Superior.

Capítulo 24

De seres hominais para seres espirituais

É importante saber que o tão necessário e almejado desenvolvimento espiritual será alcançado por meio de nossas novas atitudes. Orar sim, mas arar também. Isto é, a oração é necessária, mas é o nosso trabalho persistente em favor do próximo (e, como conseqüência, em favor de nós mesmos) que aflora a centelha divina que nos habita. Há décadas já dizia William James, o pai da psicologia: "A maior descoberta de minha geração é a de que o ser humano pode alterar sua vida simplesmente alterando sua atitude". Portanto, ter novas atitudes e persistir nessas novas atitudes é o caminho para o desenvolvimento espiritual.

Não há como esquecer que o desenvolvimento espiritual é, obviamente, uma decisão individual e particular, mas a empresa pode difundir o ambiente apropriado para que os funcionários sejam estimulados a seguir esse caminho. É preciso, no entanto, o trabalho árduo – e produtivo – de alterar os seus valores.

A empresa que quiser antecipar-se no tempo, isto é, a empresa que quiser caminhar para a cultura e os valores comuns a todas as instituições e empresas, deve começar a inserir em seu meio o amor (o respeito às pessoas), a integridade, a ética, a preocupação com a ecologia e o exercício de sua função social. E então naturalmente criará o ambiente necessário para o funcionário se espiritualizar. Em outras palavras, estará implantada a espiritualidade na empresa.

Precisamos passar de seres hominais para seres cósmicos ou espirituais. O ser hominal reage, o ser espiritual age. O ser hominal tolera, o ser espiritual resigna-se.

Há mais de cem anos, Léon Denis já dizia: "Não se transforma a sociedade por meio de leis. As leis nada são sem os costumes e as crenças elevadas. Só a compreensão do visível e invisível educará o homem". Deduzimos, pelas palavras de Denis, que somente a educação plena, valorizando o invisível, despertará o ser consciente. Corroborando com essa tese há a opinião de Gilberto Velloso, diretor do Instituto Chiorlin Velloso: "Espiritualidade é a consciência de estar neste mundo de um modo muito especial, ou seja, de um modo responsável. Portanto, espiritualidade é a consciência da responsabilidade de cada indivíduo pela ampliação da sua própria consciência. É a responsabilidade dele diante de si mesmo, do outro, da natureza, do universo e, conseqüentemente, diante da organização".

Dizem os textos religiosos que, em determinada época, o mar se abriu; num outro momento, o alimento caiu do céu e, certa vez, a água transformou-se em vinho. Hoje, não é comum a ocorrência de tais acontecimentos ou milagres. Hoje, temos de, com esforço, abrir nosso grande mar interior à procura daquele brilhante encoberto pelas areias de suas profundezas. Depois desse intenso esforço, não esperemos que cairá do céu o nosso alimento espiritual. A necessidade do contínuo e infindável esforço persiste e, então, como fruto de nossa persistência (em desbravar o nosso mar interior), conseguiremos transformar a água do nosso mar interior no doce vinho do autoconhecimento e da descoberta da espiritualidade.

E, na busca do autoconhecimento, é importante enxergar a prevalência do espírito sobre a matéria. Sobre esse tema, há um texto de Lao Tsé, mestre taoísta, o qual, dos que já li, é um dos mais belos e sugestivos: "Trinta raios convergentes no centro fazem uma roda de moinho, mas somente os vazios entre os raios lhe facultam o movimento. Com a argila, o oleiro faz o vaso, mas esse só ganha significado pelo seu vazio interior. A casa tem paredes, portas e janelas, mas é somente seu vazio interior que lhe dá utilidade. Assim são as coisas físicas; parecem principais, mas o valor está na metafísica".

Capítulo 25

Deus na empresa

Em maio de 1998, a consultoria CPM, orientada pela psicóloga Oriana White, em pesquisa com jovens, chegou à conclusão de que 98,2% dos jovens acreditam em Deus. Certa pesquisa divulgada pela revista *Veja* dizia que a maioria quase absoluta dos brasileiros acredita em Deus. E sobre esse Ser maior, causa primária de todas as coisas, disse certa vez Ayrton Senna (após ter sofrido um acidente): "Acho que passei por um período de adaptação. Descobri algumas coisas importantes na vida. Esse caso em particular contribuiu muito para me estimular, para ponderar, me fez pensar muito no que mais importa em nossa vida, que é Deus".

Sobre Deus e amor, complementa Miguel Reale, ex-reitor da Universidade de São Paulo (USP), jurista, filósofo, membro da Academia Brasileira de Letras: "Em minha já longa experiência, estou convencido de que o amor (amor como inclinação afetiva a outra pessoa, ou até mesmo como dedicação desinteressada a algo que nos transcende) é a via de mais fácil acesso à compreensão do sentido da vida, porque amar já é por si mesmo um modo de nos transcendermos, de nos elevarmos ao mundo dos valores ideais, chegando à conclusão final de que sem Deus a vida não tem sentido".

A empresa que tem Deus em seu ambiente:

a) transcende o sentido de identidade do funcionário, isto é, respeita e valoriza-o independentemente do seu sexo, profissão, cor, raça, crença, ideologia;
b) crê que cada ser humano é portador de uma essência superior, uma centelha divina;
c) respeita a condição evolutiva de cada funcionário;
d) procura compreender, sem paternalismo, as dificuldades sociais e culturais do funcionário.

Estamos longe – muito longe – da plenitude espiritual. Mas certamente esse caminho será mais curto e mais prazeroso se as empresas estimularem, em seu interior, a prevalência de um ambiente espiritualizado, em que Deus seja o Comandante Supremo. E, no caminhar para alcançar a plenitude, seremos pessoas mais felizes, mais realizadas e mais produtivas, pois dar passos em direção a um objetivo maior, a um objetivo transcendental, é munir-se de uma força interior imensa, propiciadora da energia necessária para o bem-viver, para encontrar um sentido para a vida, independentemente da distância que estejamos do homem pleno, do homem espiritual, do homem integral, o que um dia será fato comum na humanidade terrena.

Bibliografia

ÂNGELIS, Joanna de. Psicografia de Divaldo Franco. *Momentos de felicidade*. Bahia: Leal, 1992

BARCELOS, Walter. *Justiça e felicidade*. São Paulo: Didier, 2003.

BUSCAGLIA, Leo. *Amor*. Rio de Janeiro: Nova Era, 2003.

CHOPRA, Deepak. *Como conhecer Deus*. Rio de Janeiro: Rocco, 2007.

COOPER E SAWAF. *Inteligência emocional na empresa*. São Paulo: Campus, 1997.

CURY, Augusto. *Nunca desista de seus sonhos*. Rio de Janeiro: Sextante, 2004.

__________. *Pais brilhantes, professores fascinantes*. Rio de Janeiro: Sextante, 2003.

DE MASI, Domenico. *O futuro do trabalho*. Rio de Janeiro: José Olímpio, 2003.

DUFAUX, Ermance. Psicografia de Wanderley Soares de Oliveira. *Mereça ser feliz*. Minas Gerais: Inede, 2005.

DUFAUX, Ermance e PEREIRA, Cícero. Psicografia de Wanderley Soares de Oliveira. *Unidos pelo amor*. Minas Gerais: Inede, 2005.

FRAGA, Hélio. *A família, último lugar?*. 3 ed. São Paulo: Paulinas, 1987.

FRANKL, Viktor. *Um sentido para a vida*. São Paulo: Santuário, 2006.

GOLEMAN, Daniel. *Inteligência emocional*. Rio de Janeiro: Objetiva, 1996.

GREIDER, William. *O mundo na corda bamba*. São Paulo: Geração Editorial, 1998.

HAMEL, Gary. *Liderando a revolução*. São Paulo: Campus, 2000.

INCONTRI, Dora. *A educação segundo o espiritismo*. São Paulo: Commenius, 2003.

KOUSES e POSNER. *O desafio da liderança*. São Paulo: Campus, 2003.

KRATEWSKI, Lee. *Administração da produção e operações*. São Paulo: Campus, 2003.

BARRETO, Roberto Menna. *Criatividade no trabalho e na vida*. São Paulo: Summus, 1997.

MORAIS, Regis de. *Espiritualidade e educação*. São Paulo: Ceak, 2002.

OLIVEIRA, Alkíndar de. *Espiritualidade na empresa*. São Paulo: Butterfly, 2001.

__________. *Torne possível o impossível*. São Paulo: Butterfly, 2001.

__________. *Viver bem é simples, nós é que complicamos*. São Paulo: Didier, 2003.

RIBEIRO, Júlio. *Fazer acontecer*. São Paulo: Cultura, 1994.

SALDANHA, Vera. *A psicoterapia transpessoal*. Rio de Janeiro: Rosa dos Ventos, 1999.

SANDERS, Tim. *O amor é a melhor estratégia*. Rio de Janeiro: Sextante, 2003.

SECRETAN, Lance. *Um nível acima*. São Paulo: Cultrix, 2002.

VÁRIOS AUTORES. *Liderança e gestão de pessoas*. São Paulo: Publifolha, 2002.

XAVIER, Francisco Cândido. *Dos hippies aos problemas do mundo*. São Paulo: Lake, 2003.

A Editora Academia de Inteligência,
agora associada à Editora Planeta do Brasil,
agradece especialmente a você que, como
poeta da vida, tem difundido nossos livros
aos amigos, parentes e em sua empresa.
Receberemos com muito prazer toda e
qualquer mensagem, opinião e
comentário que julgue oportunos.
Teremos o nosso sonho realizado
se soubermos que sua vida ganhou um novo
significado a partir da leitura deste livro.

Visite nossos *sites*:

Planeta

Academia de Inteligência

www.editoraplaneta.com.br

www.academiadeinteligencia.com.br

Este livro foi composto
em Janson Text para Editora
Academia de Inteligência em julho de 2007.